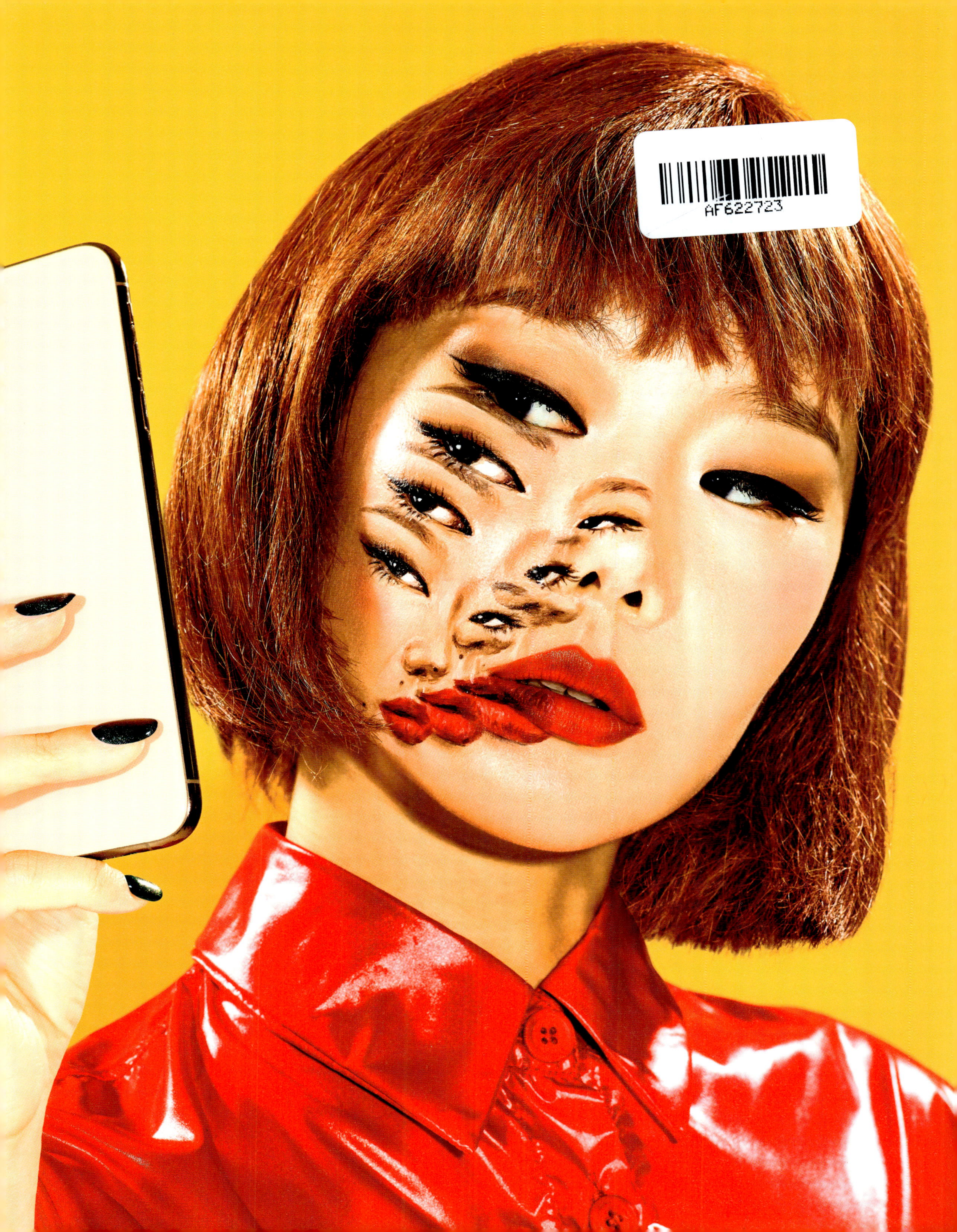

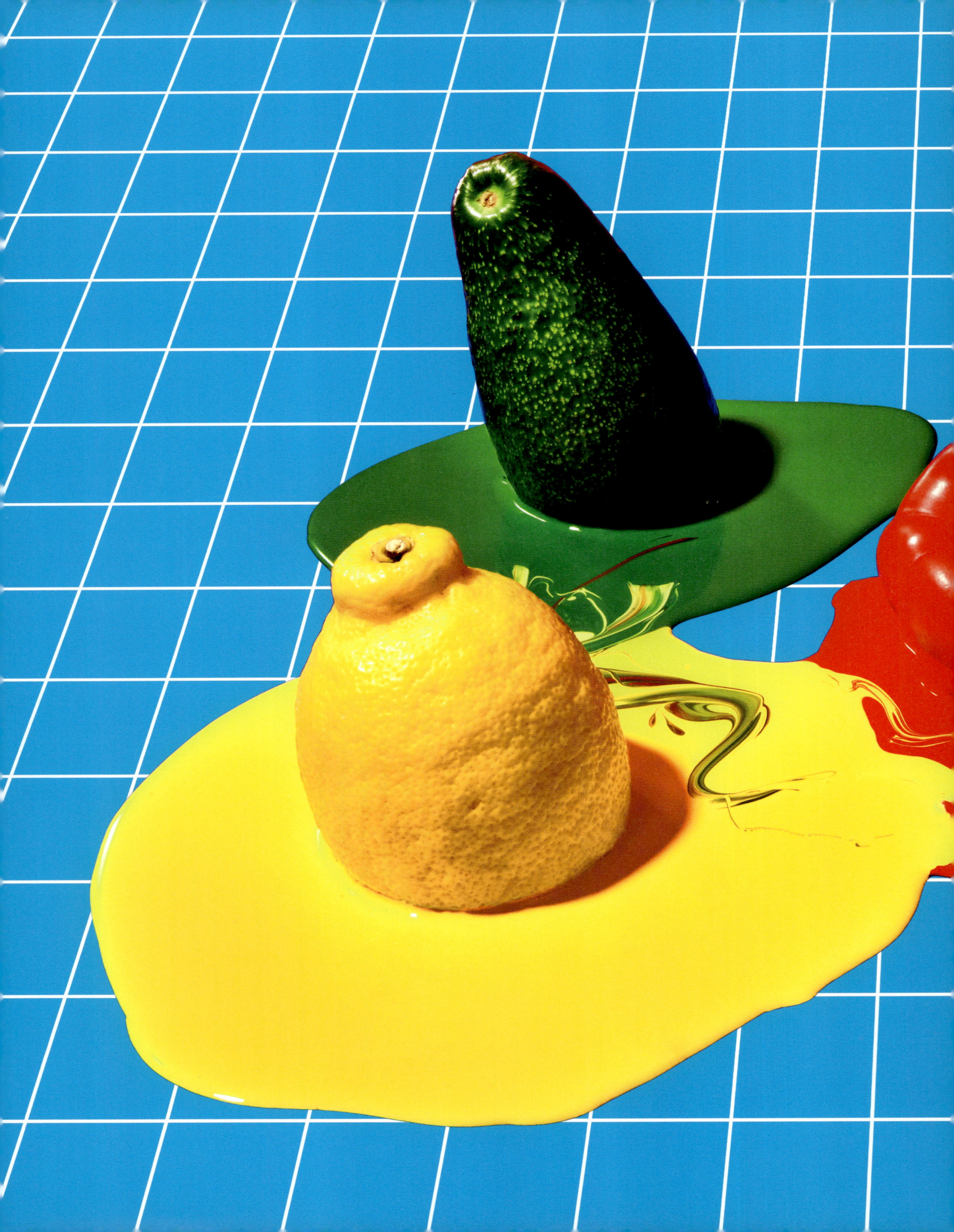

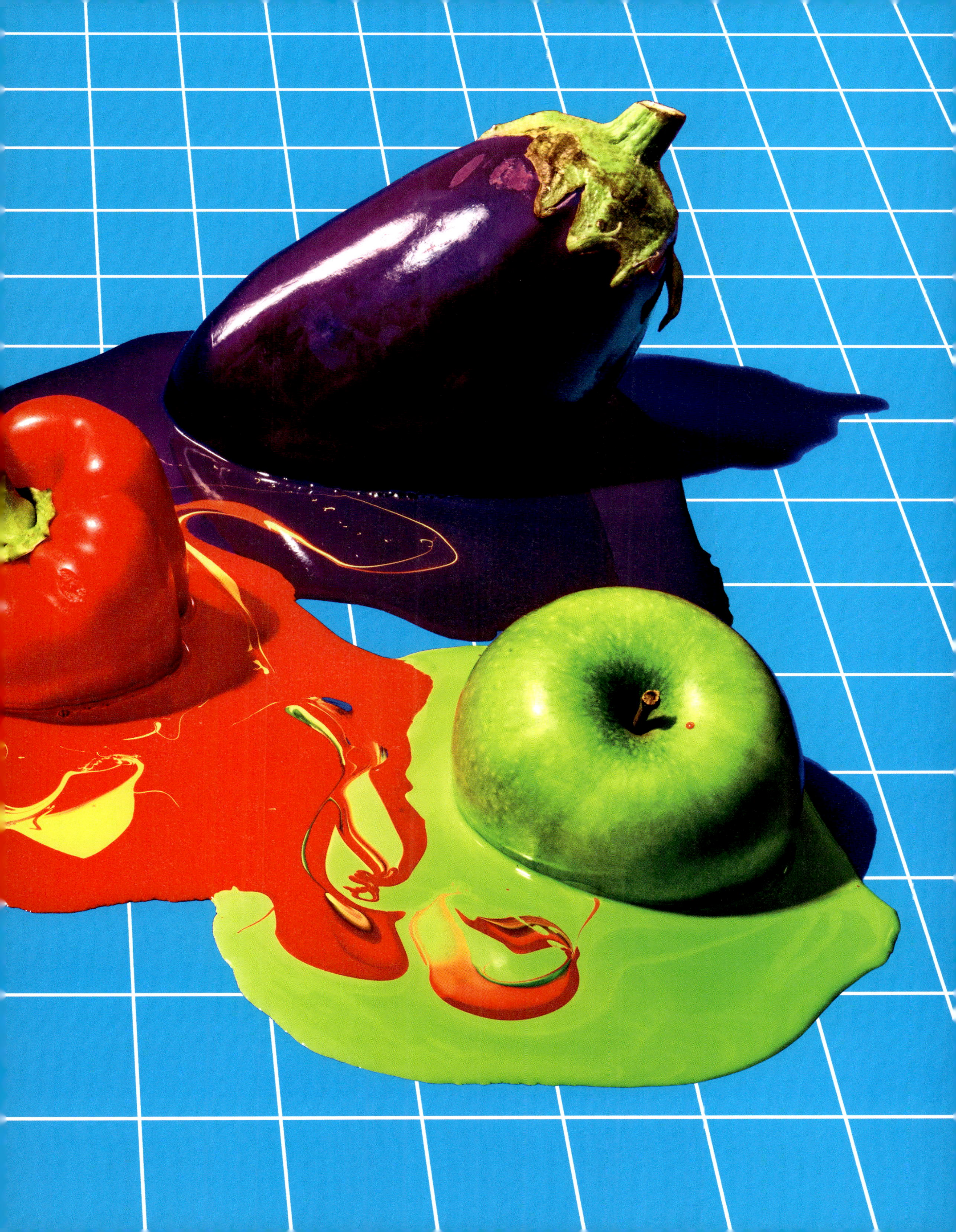

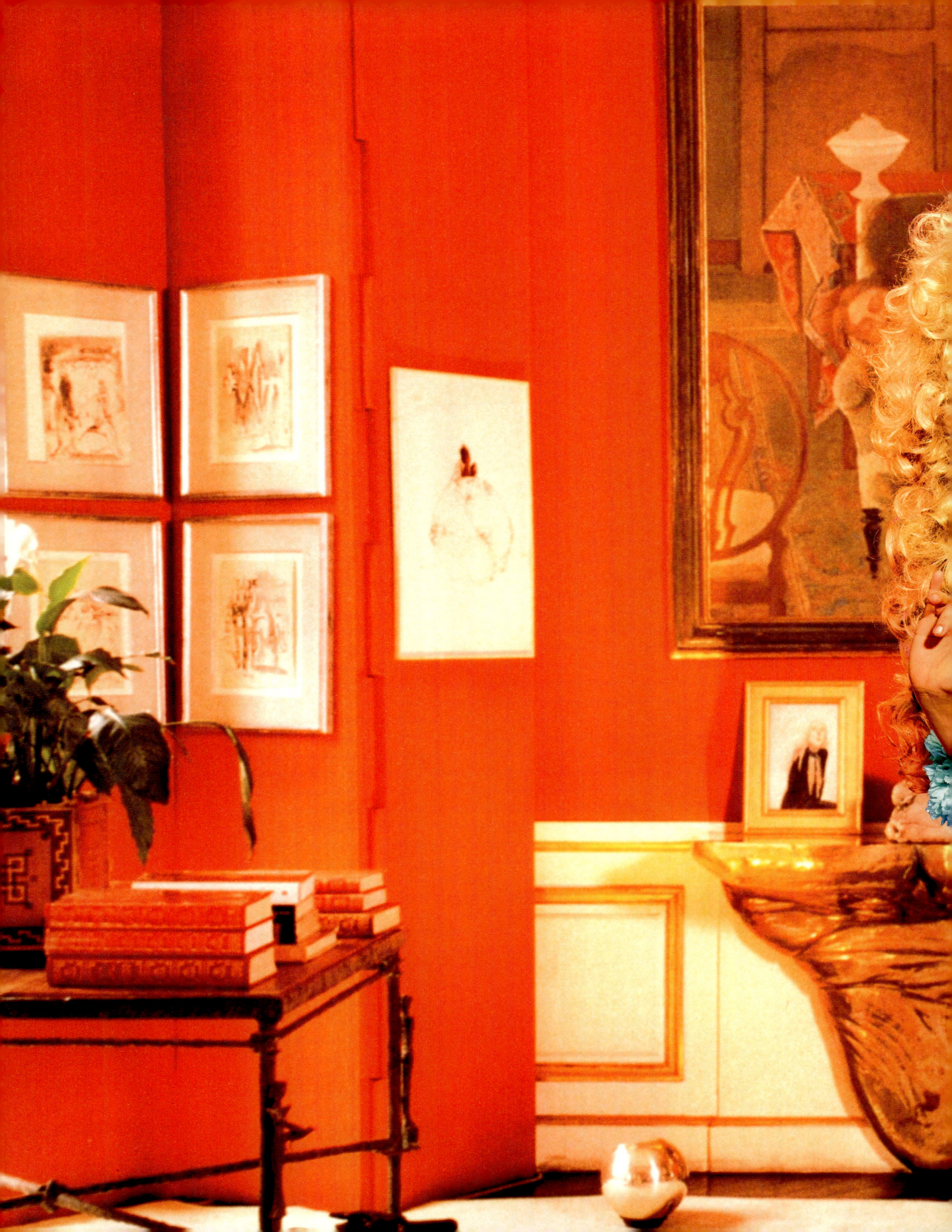

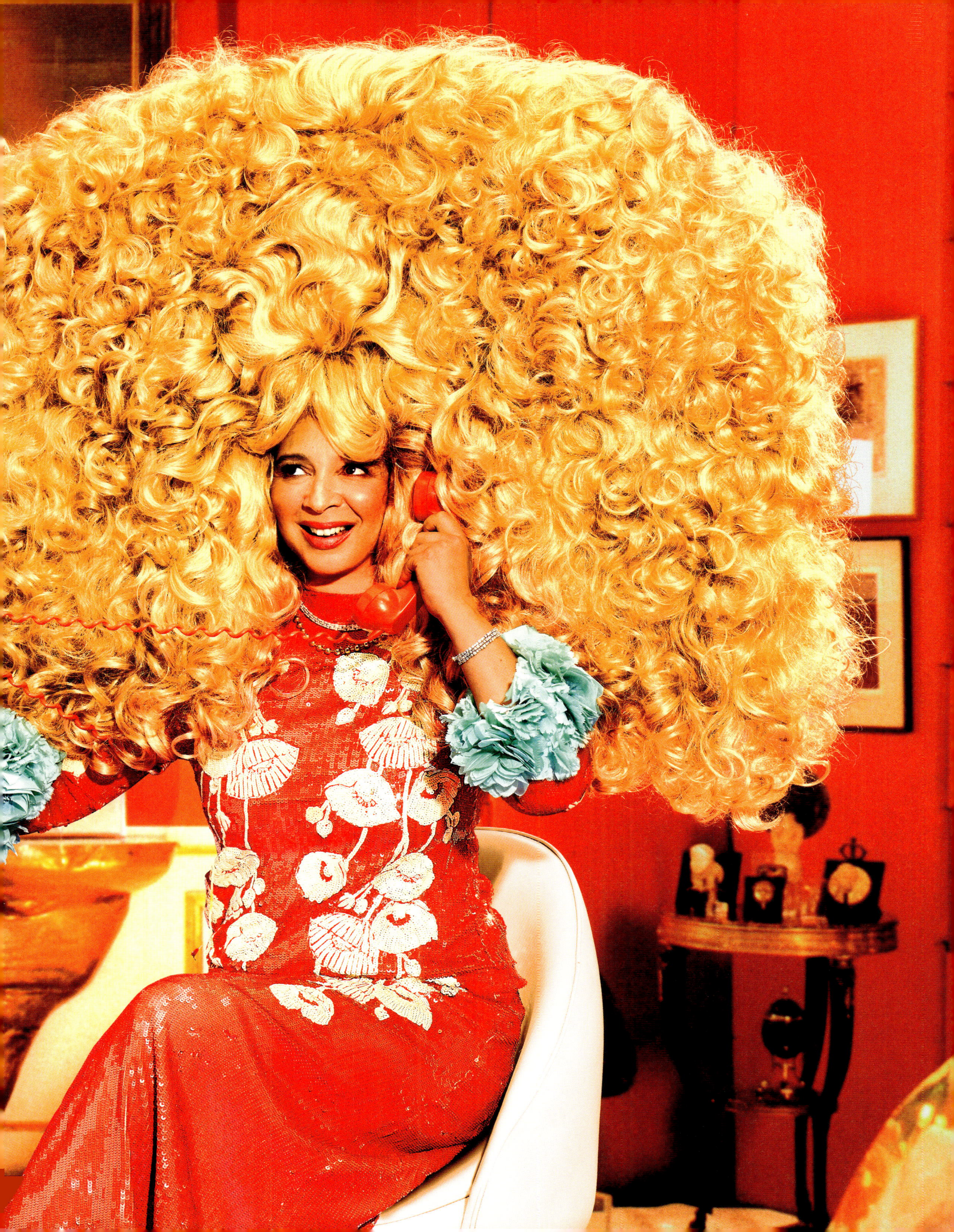

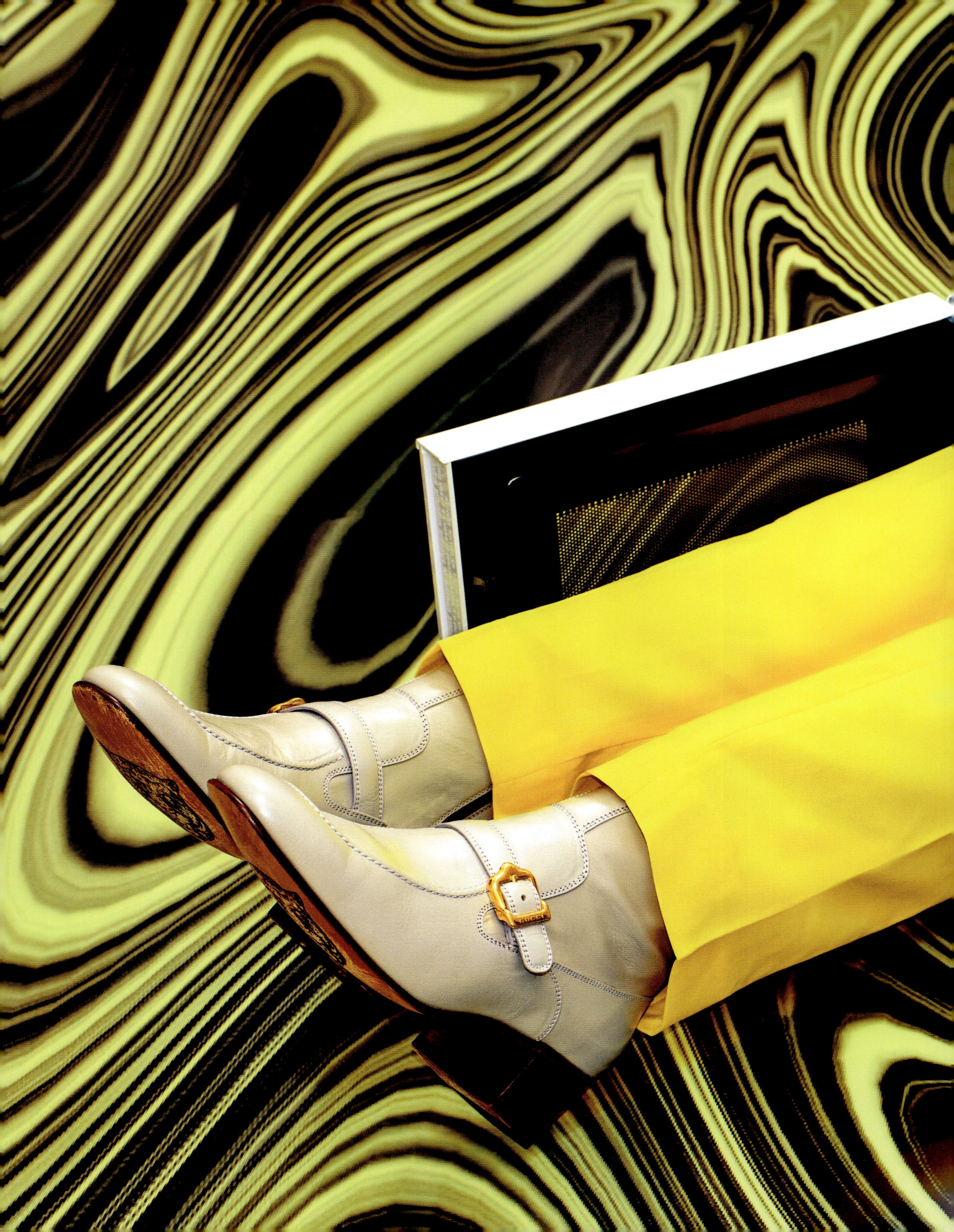

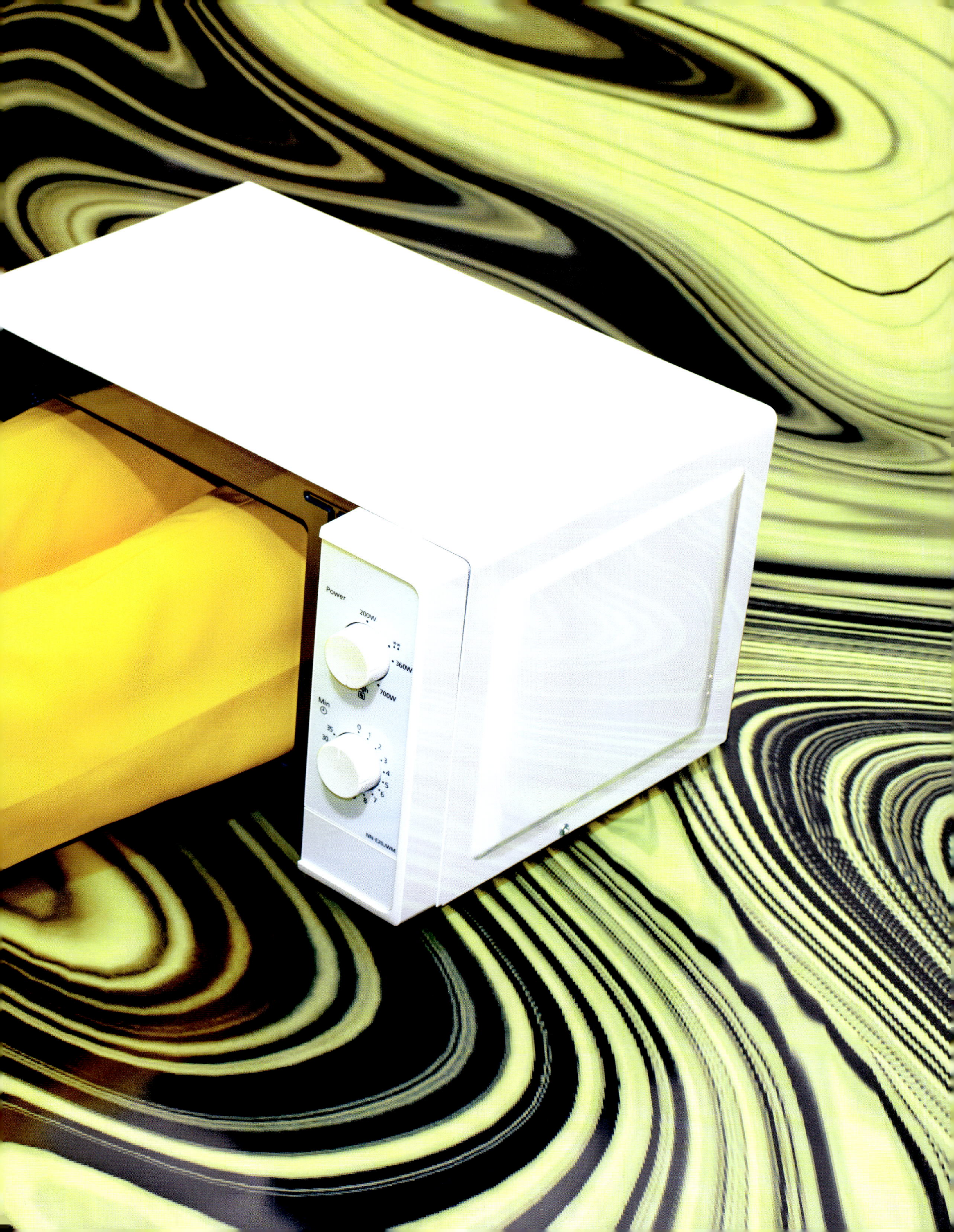
Power
200W
360W
700W
Min
35
30
0
1
2
3
4
5
6
7
8
NN-E20JWM

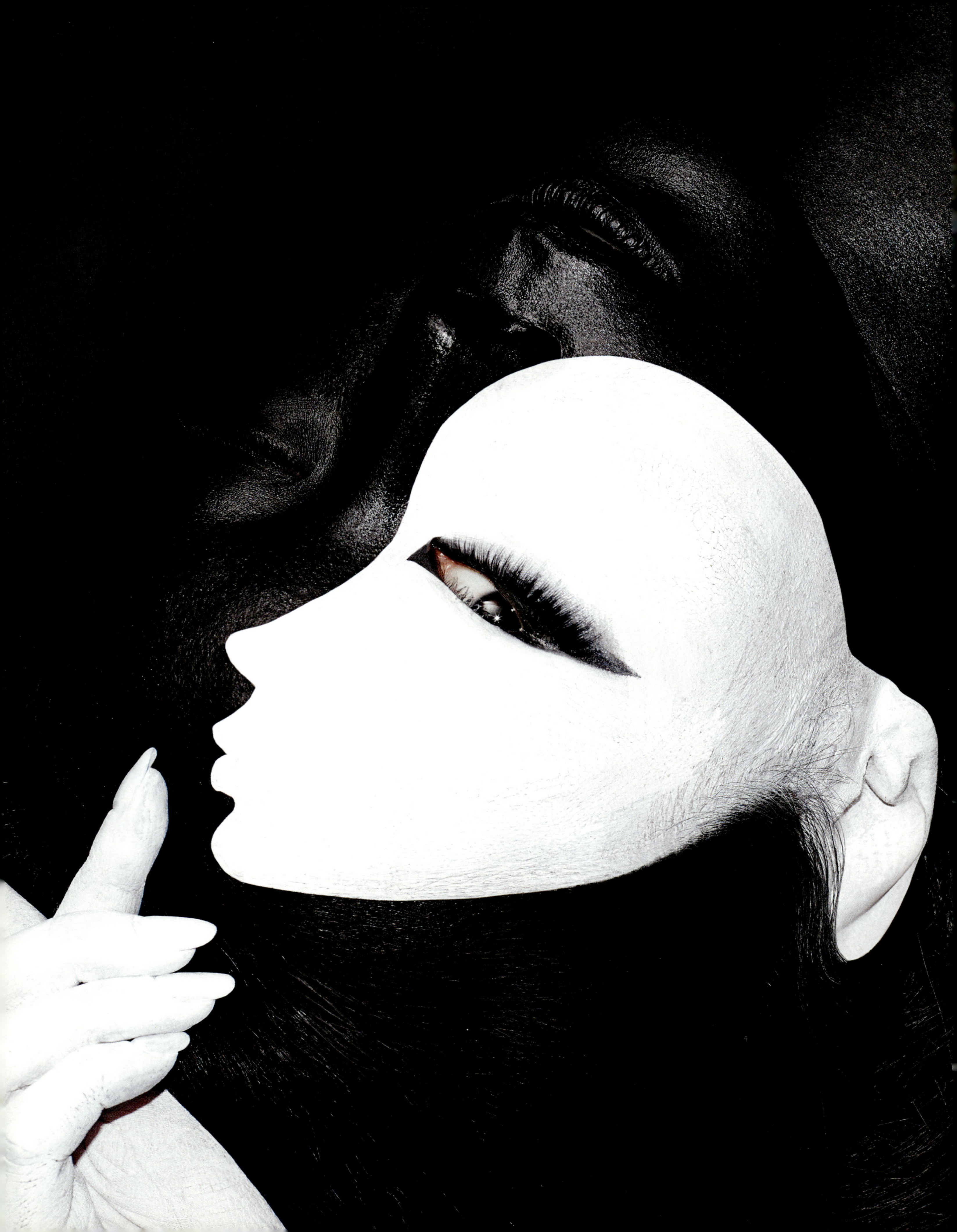

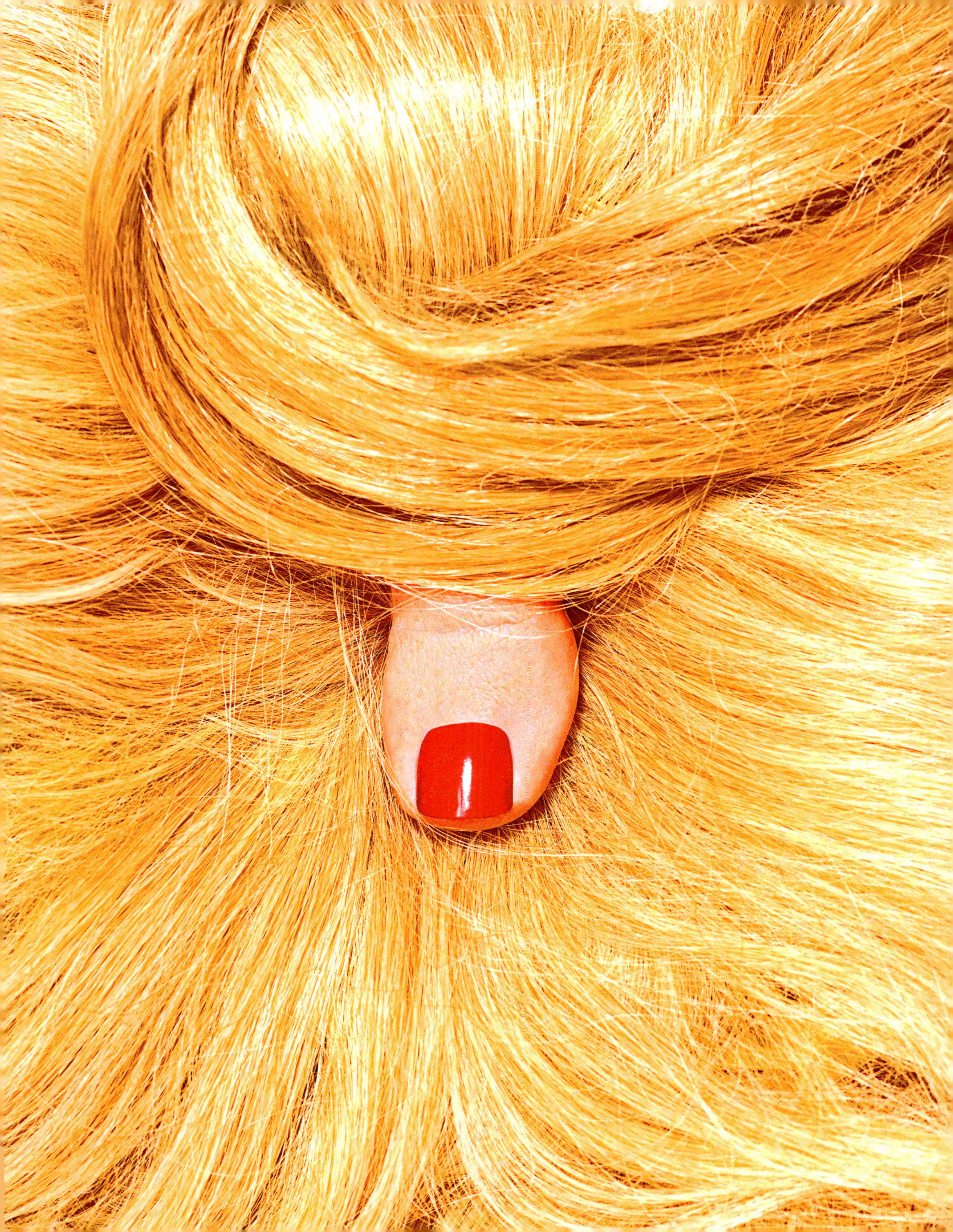

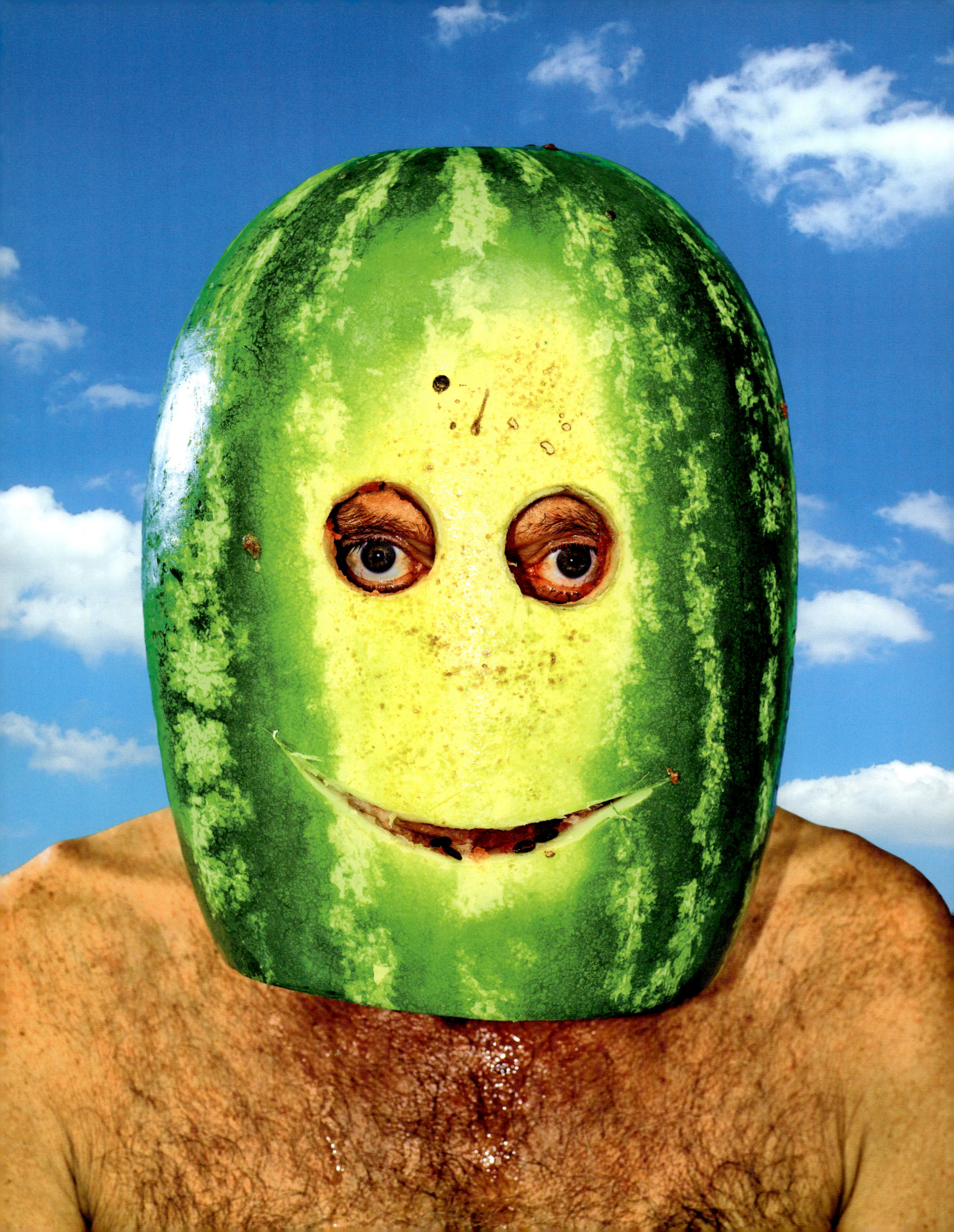

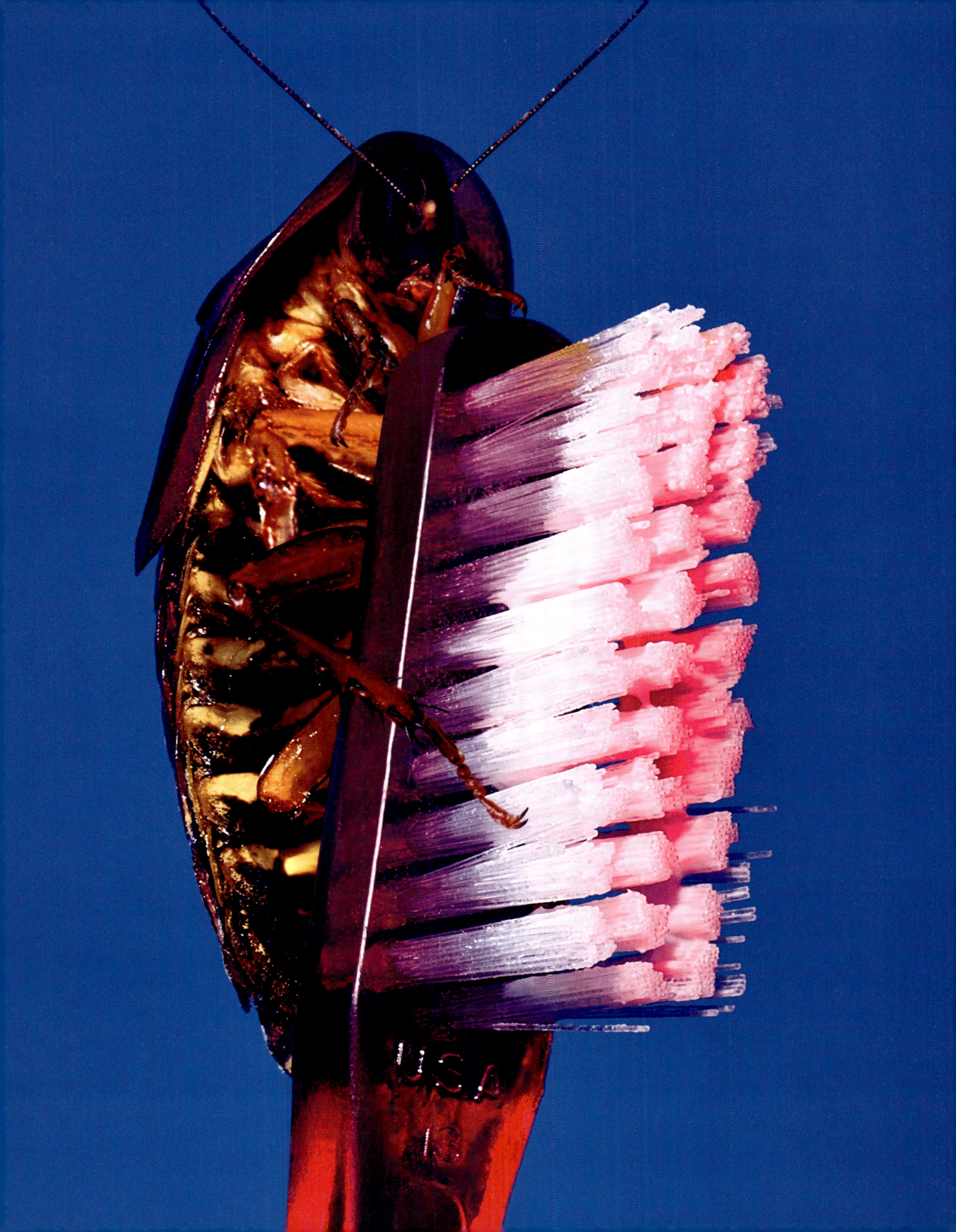
USA

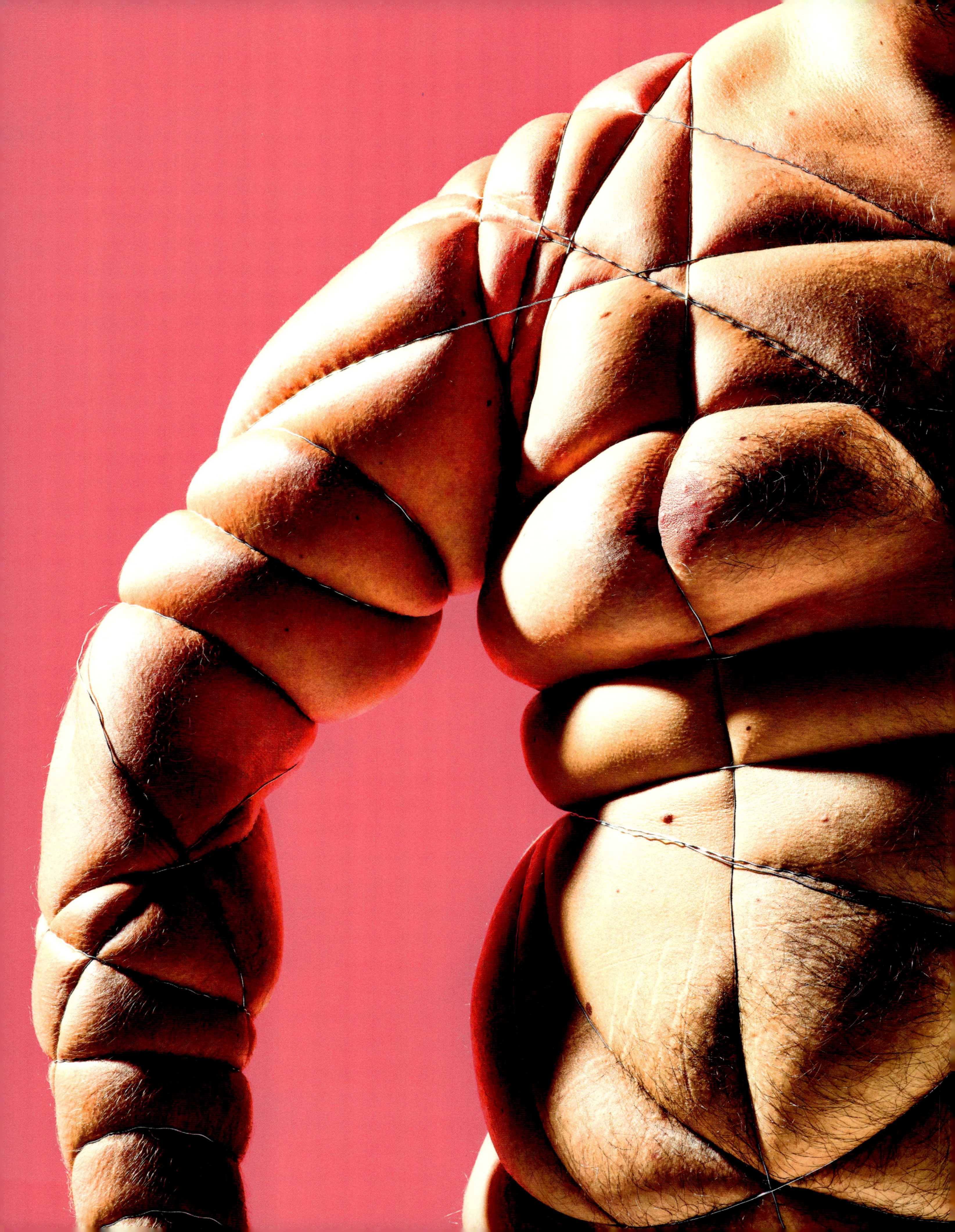

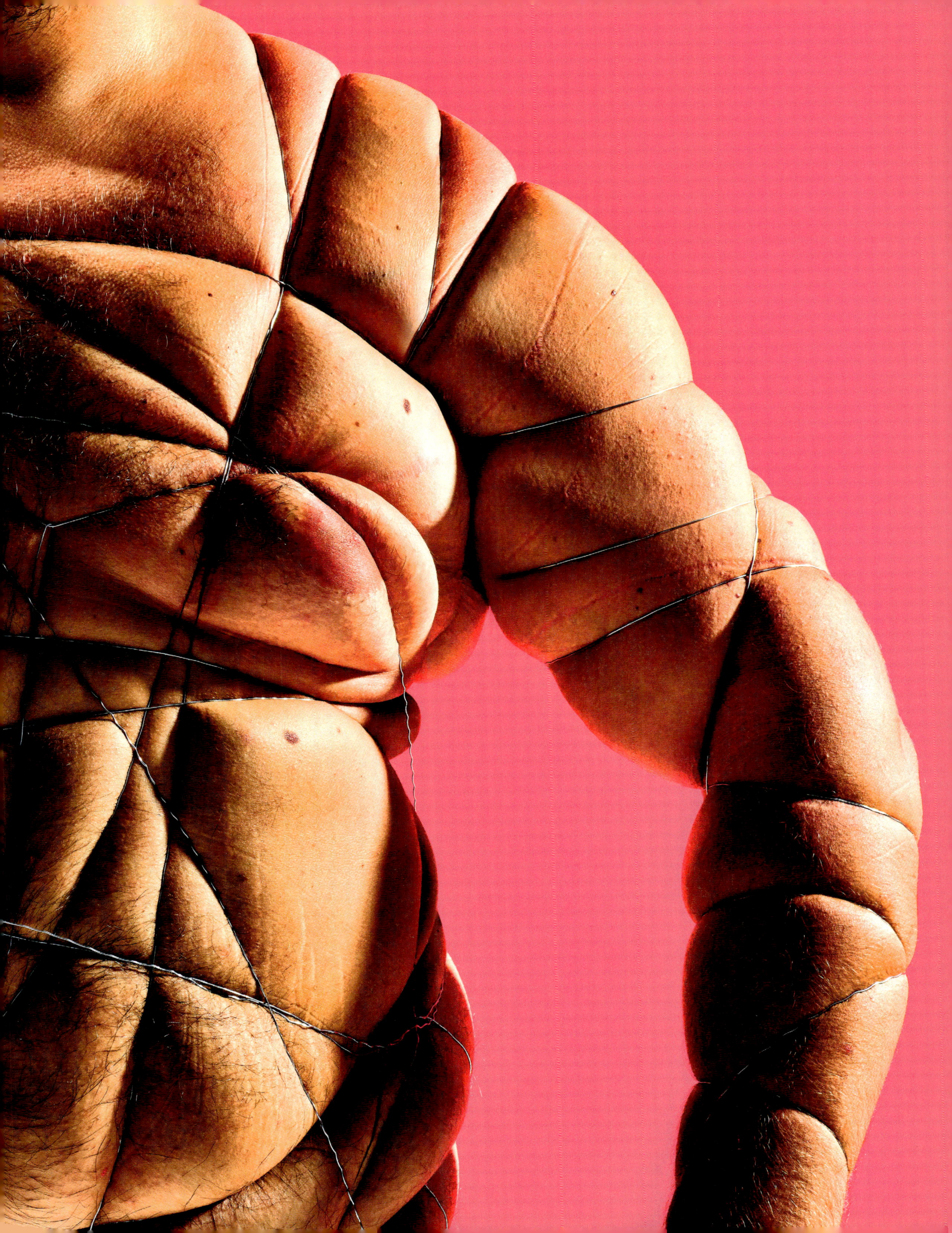

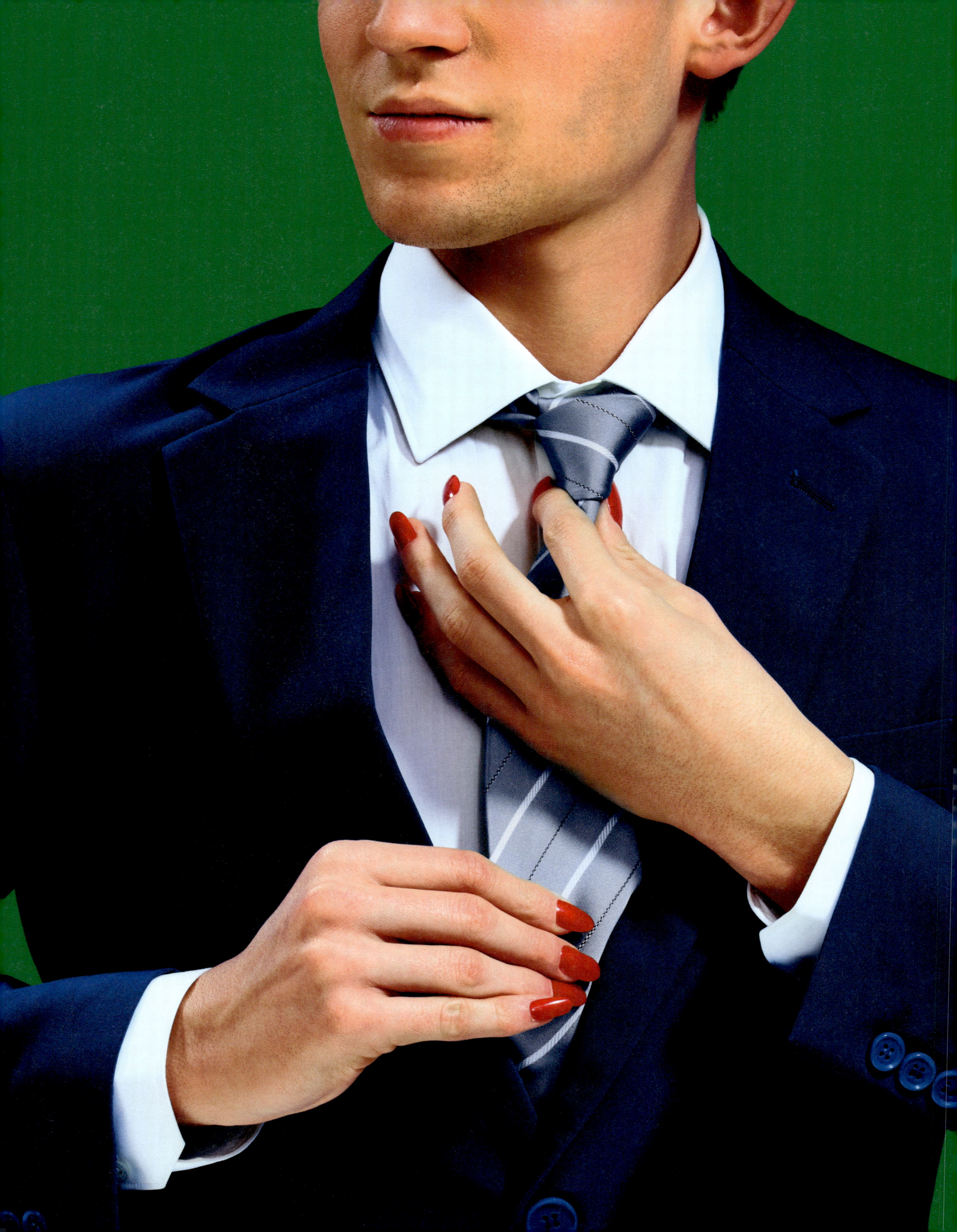

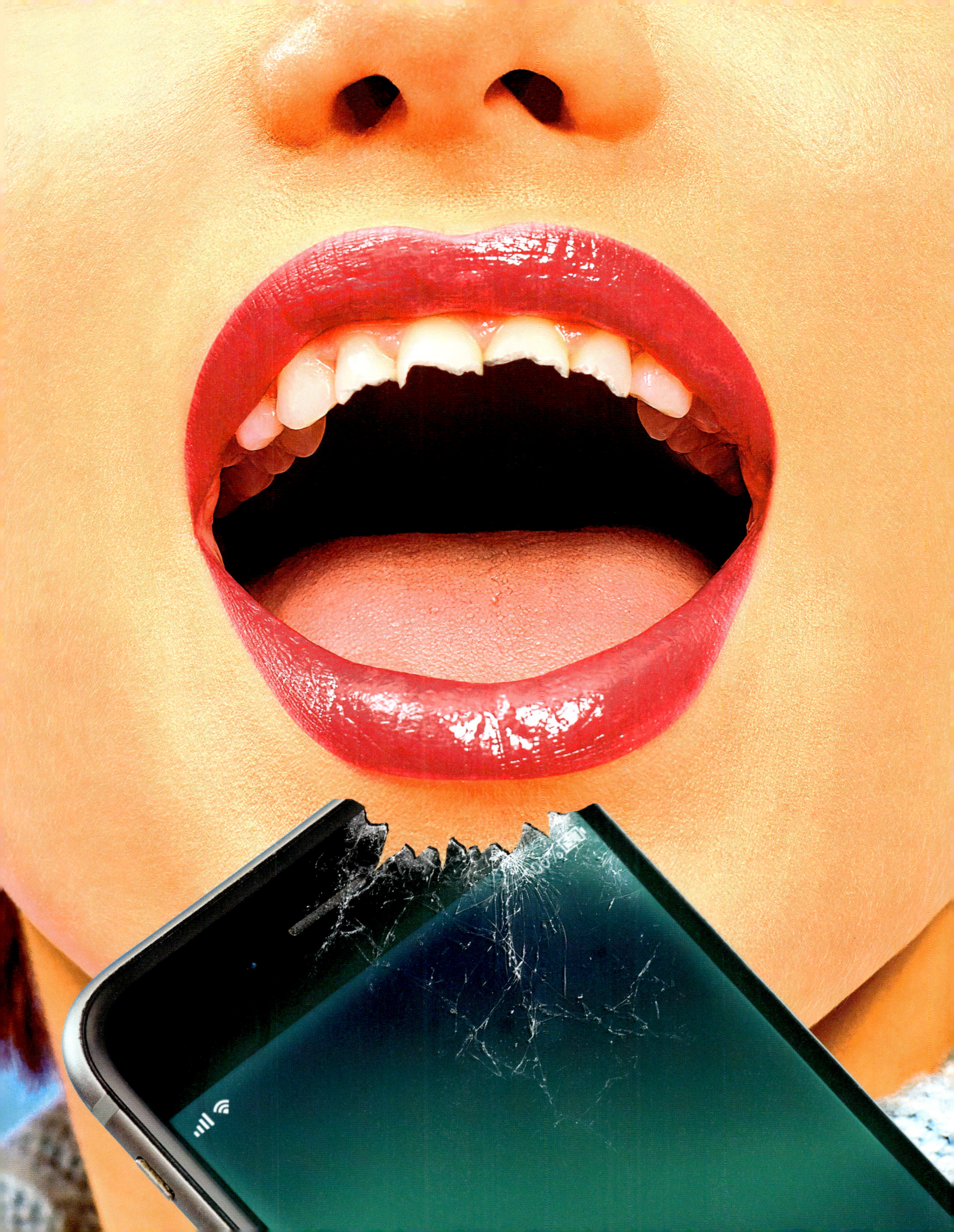

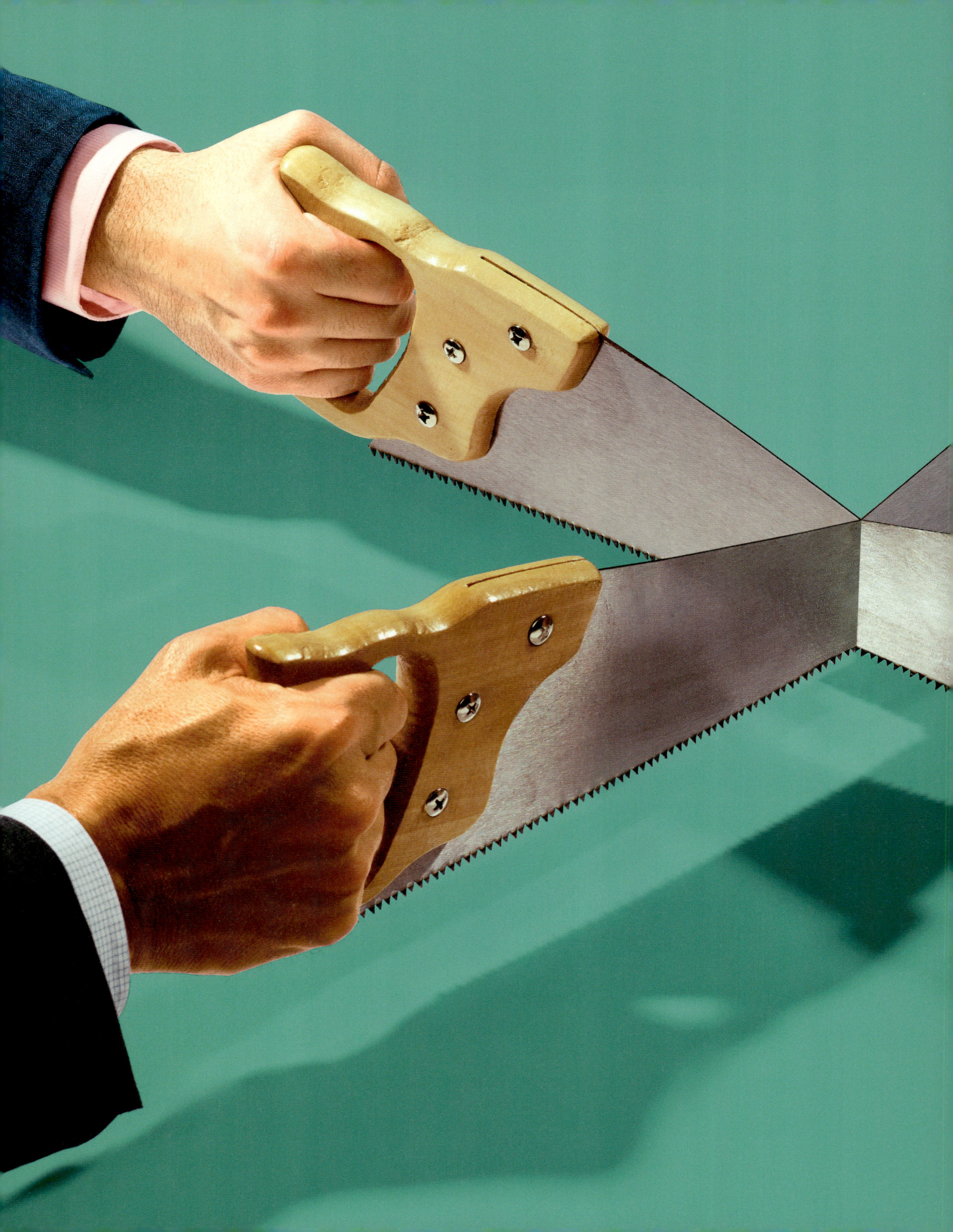

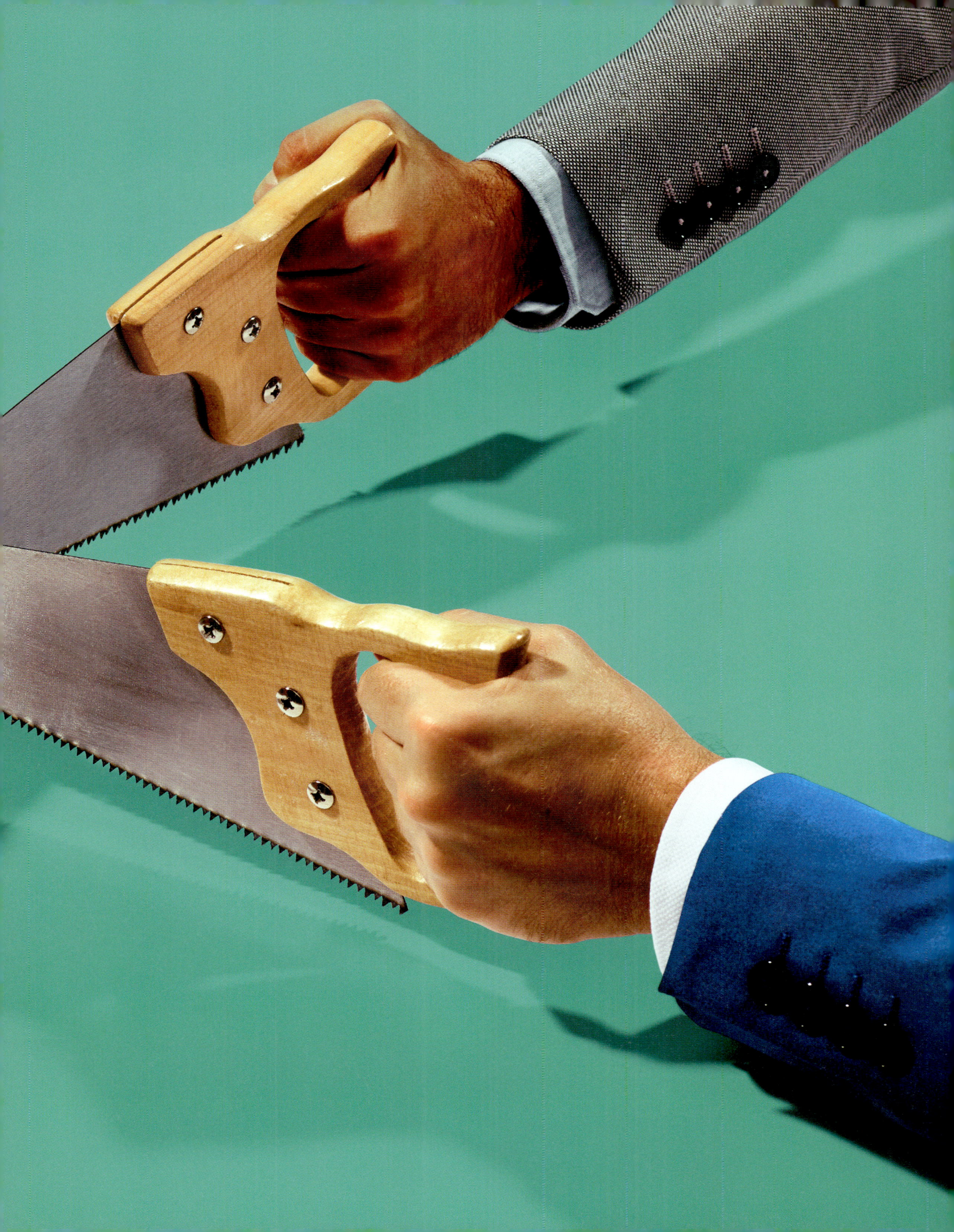

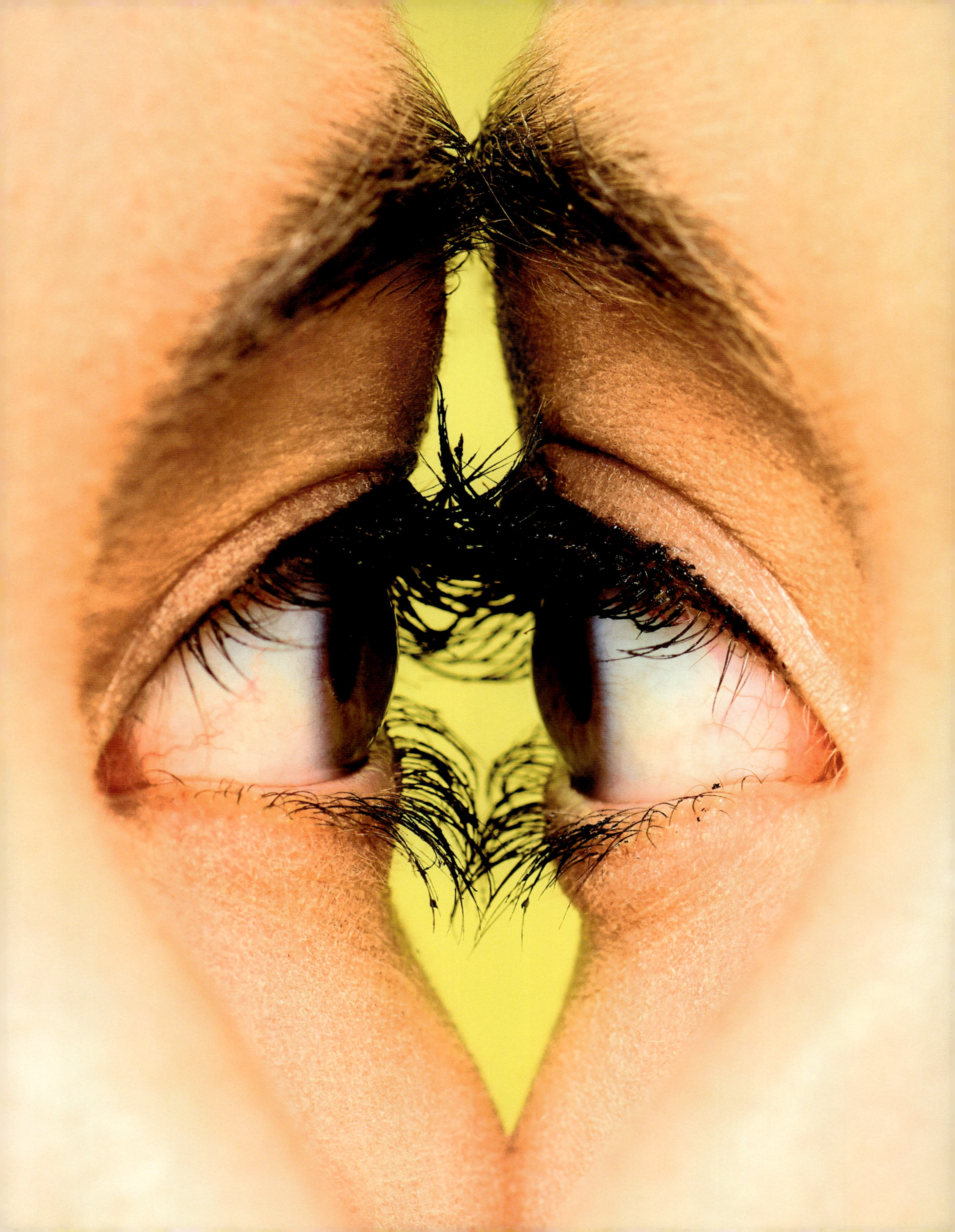

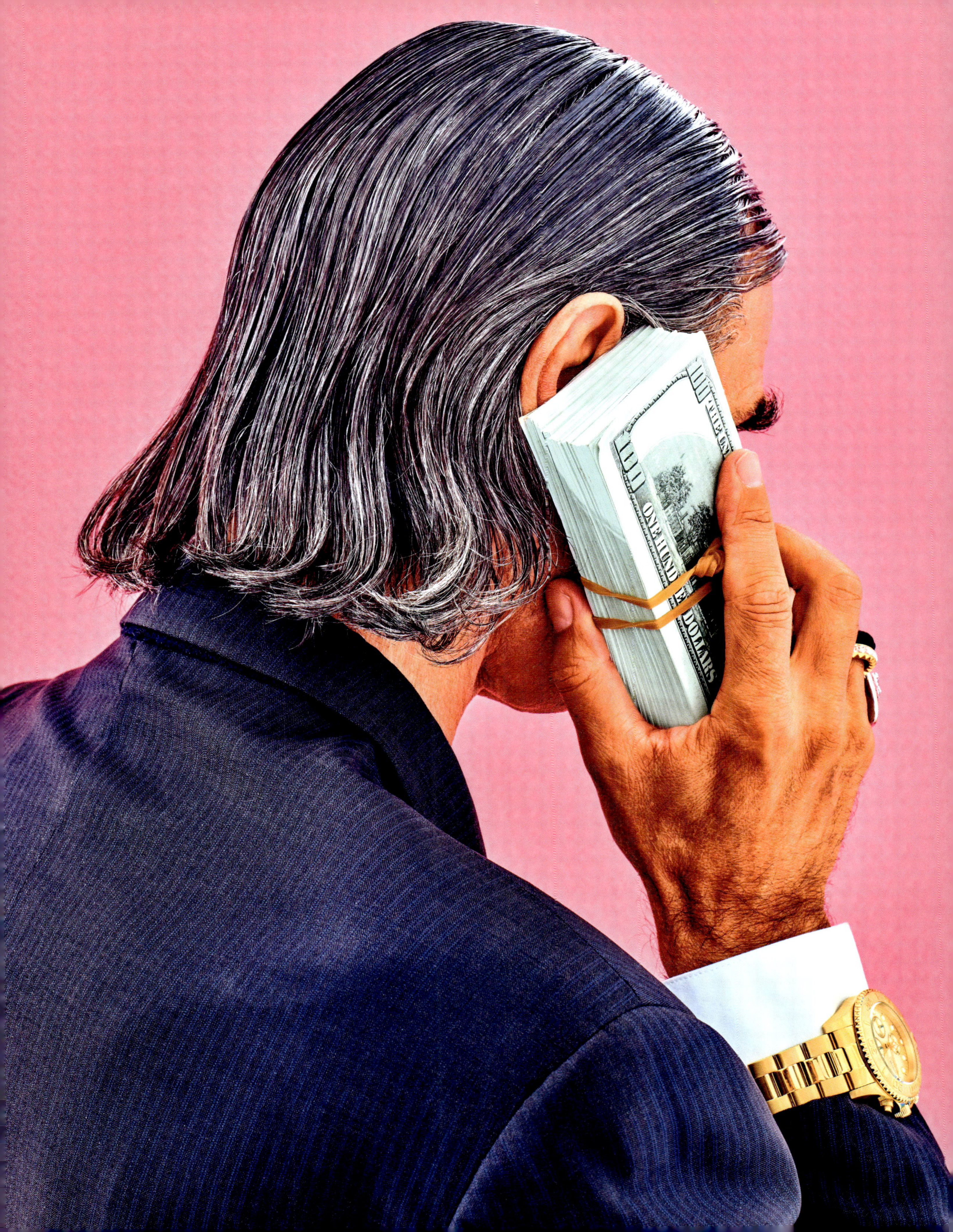

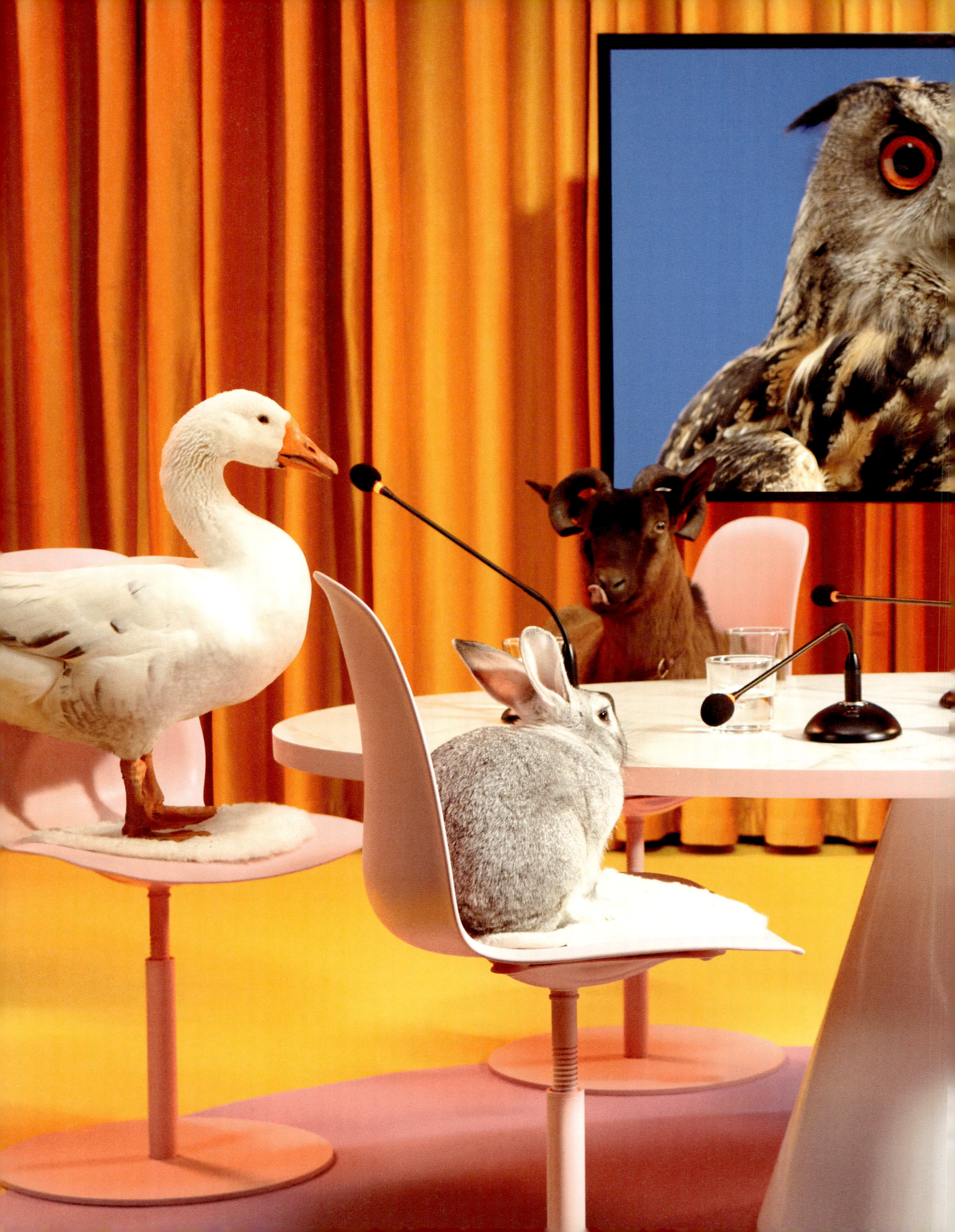

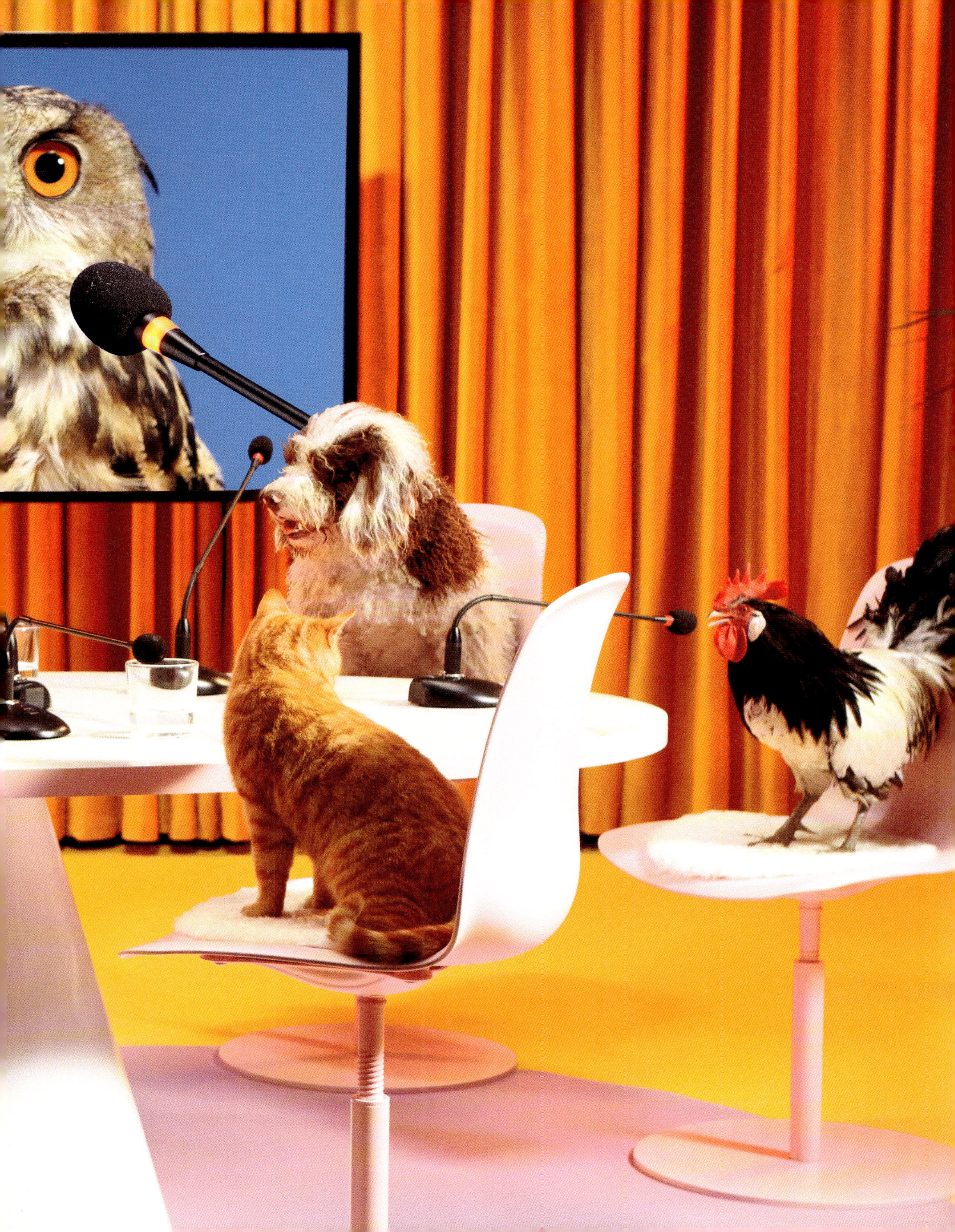

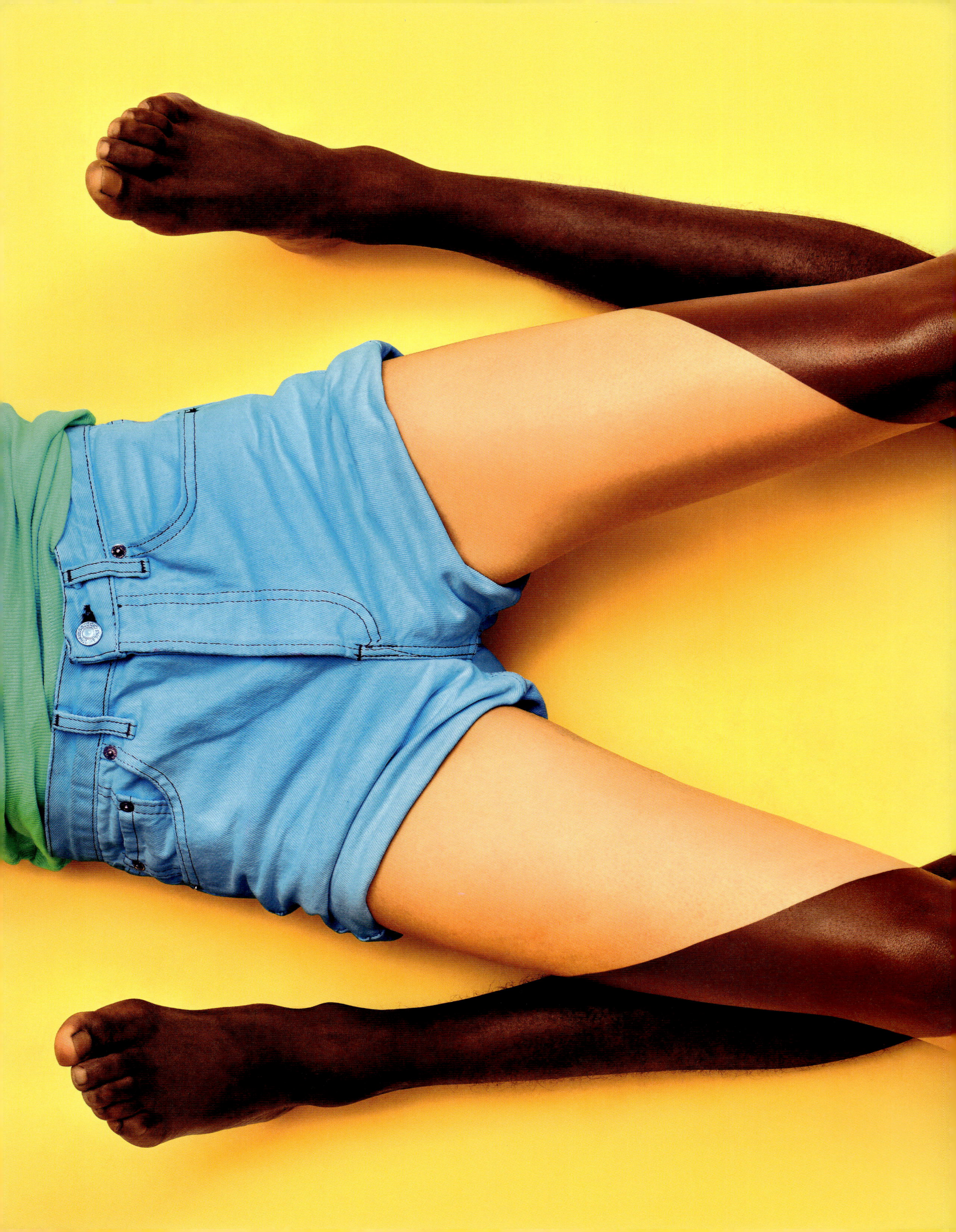

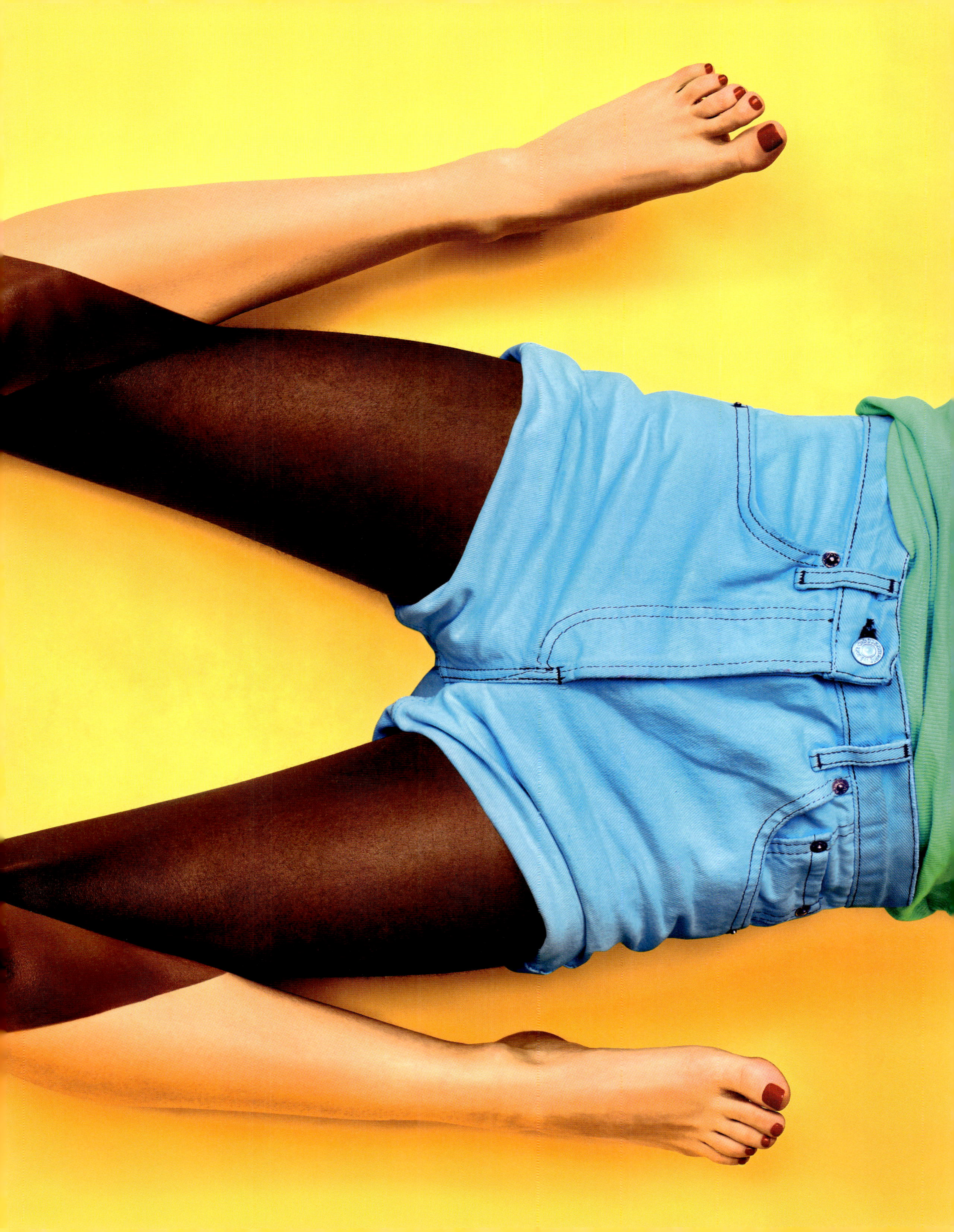

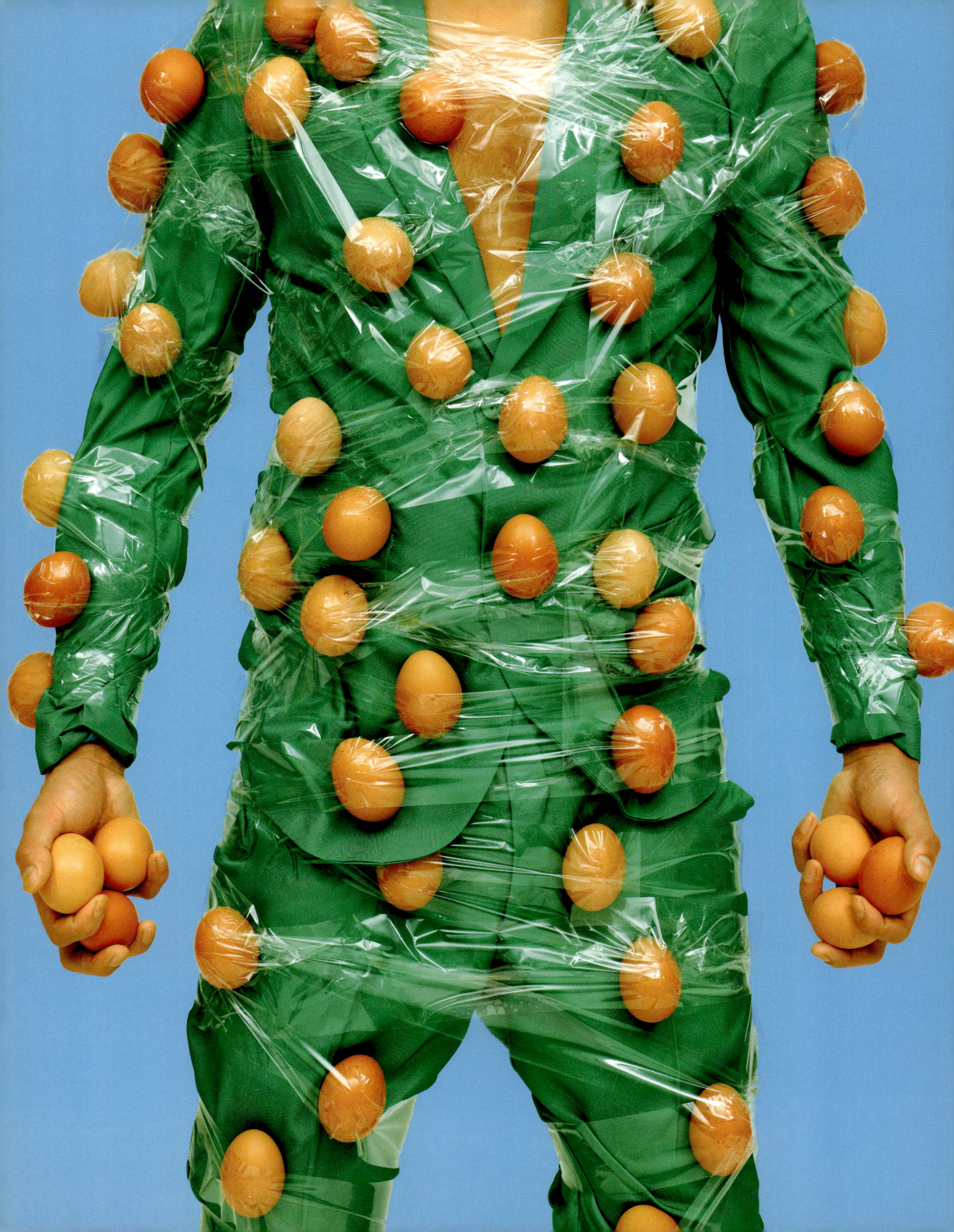

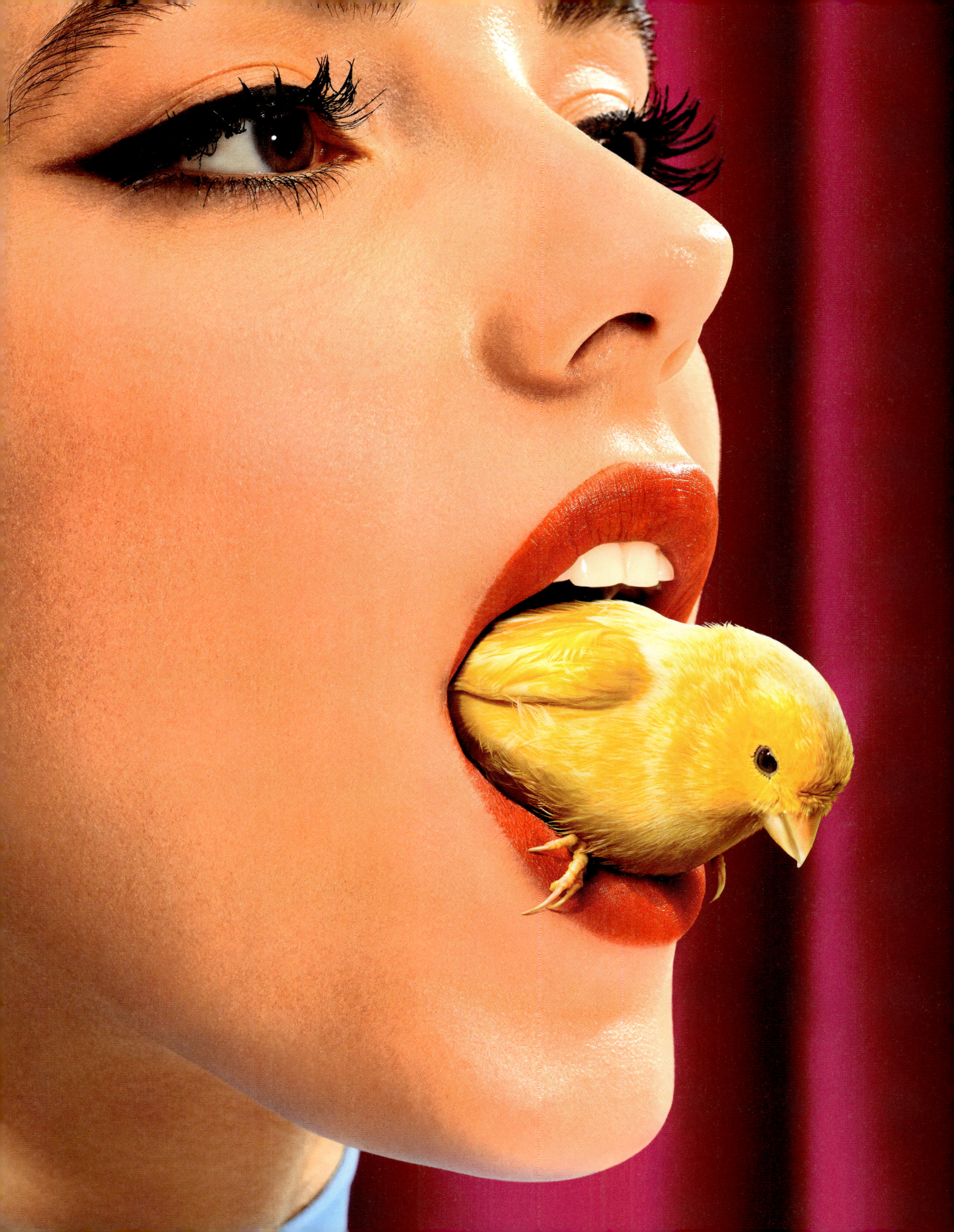

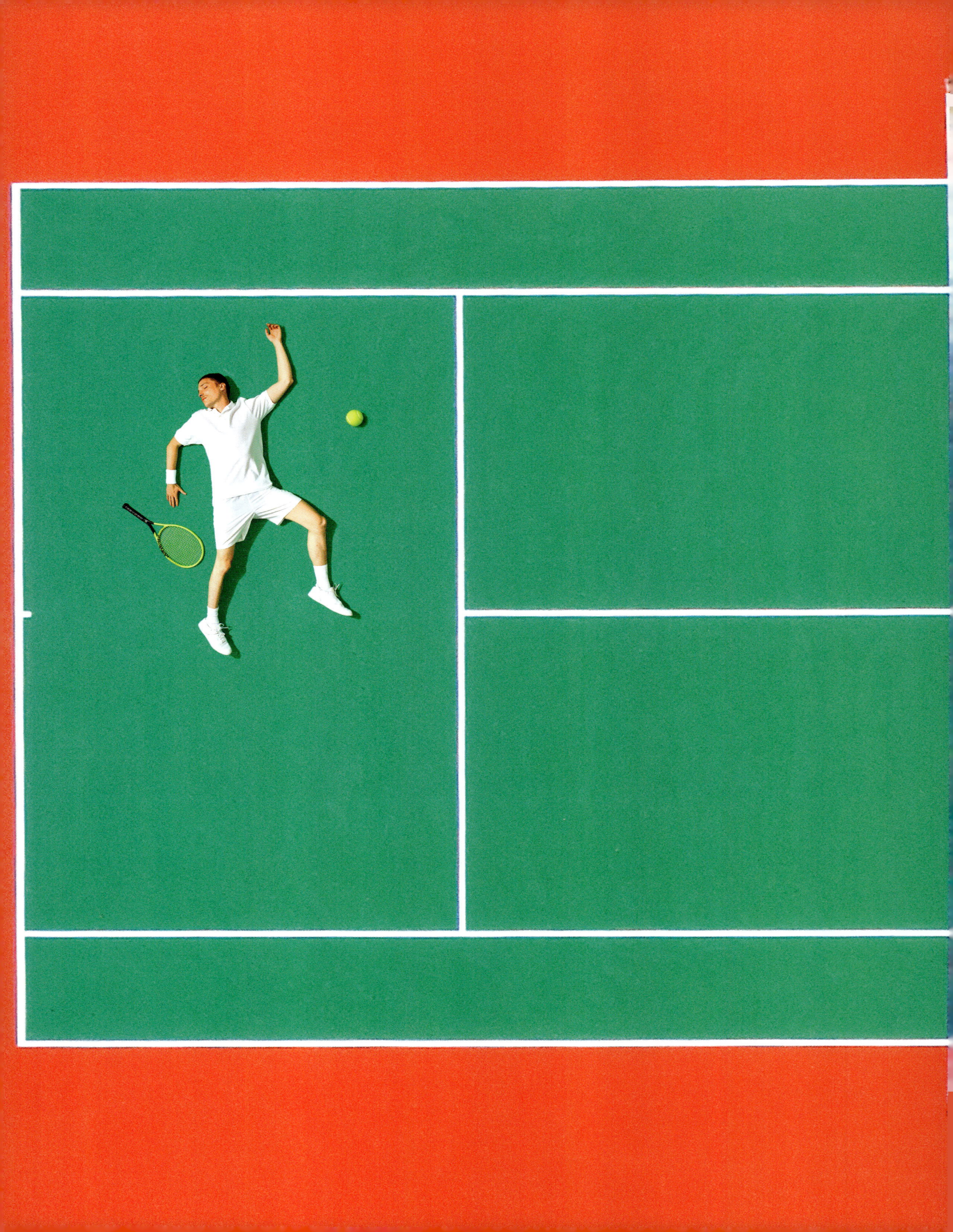

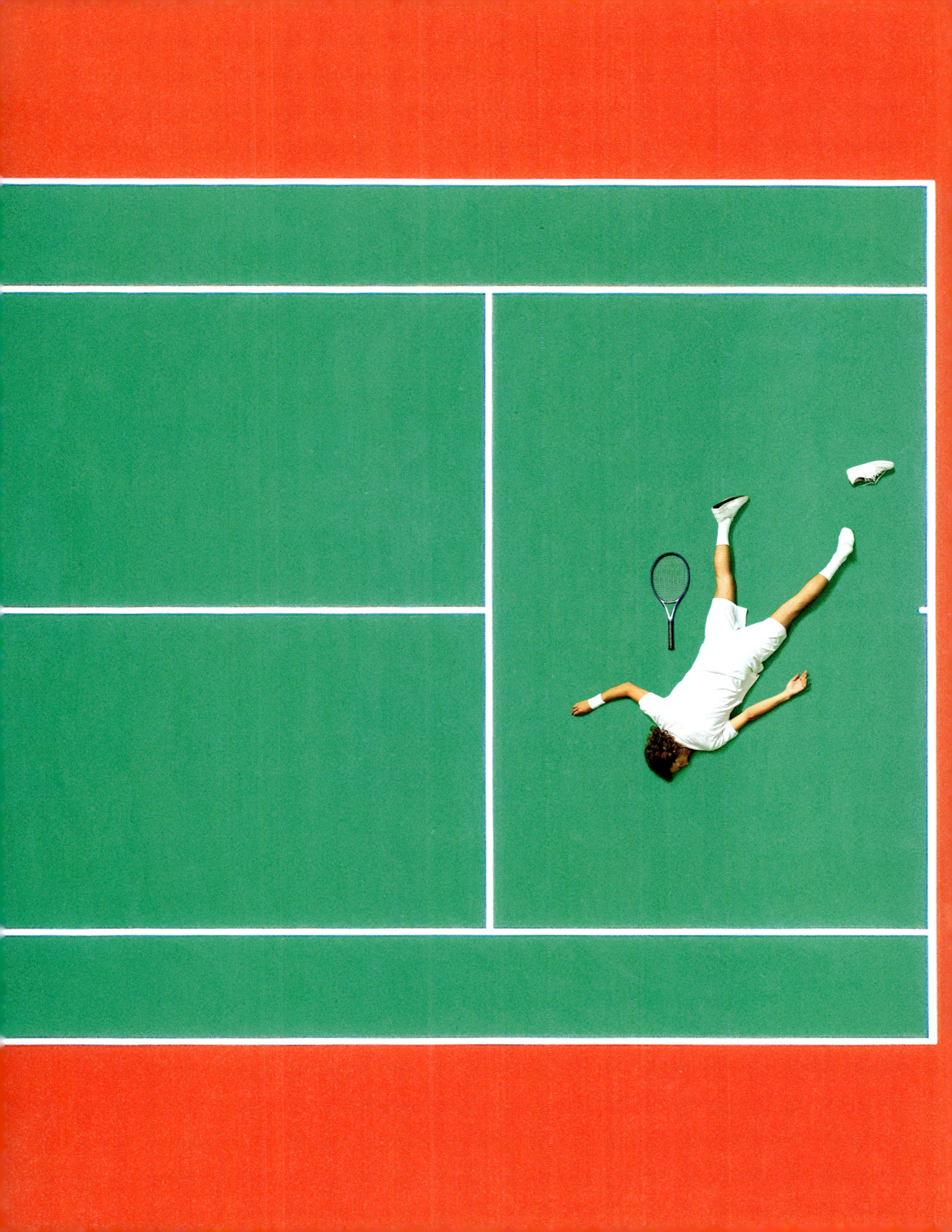

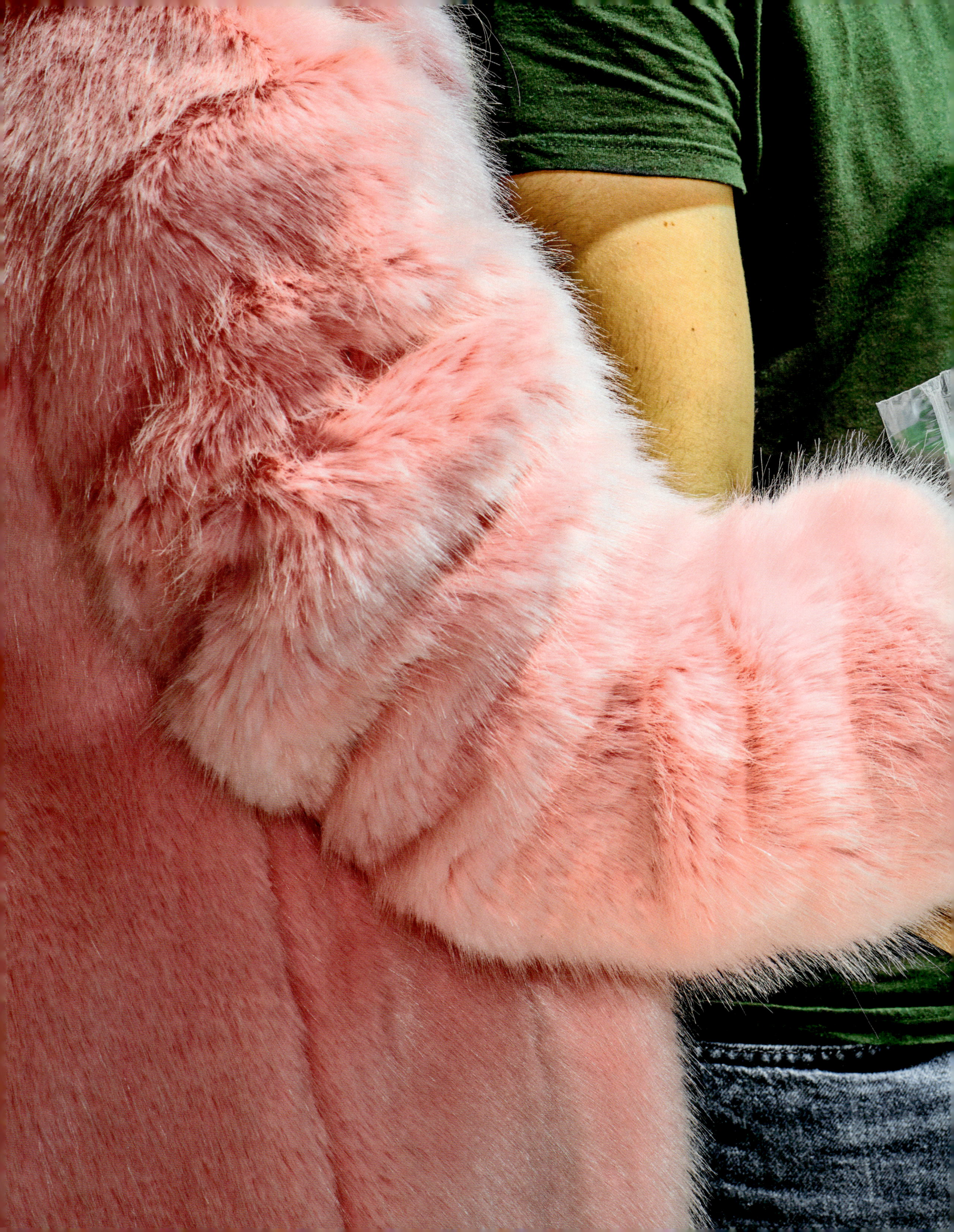

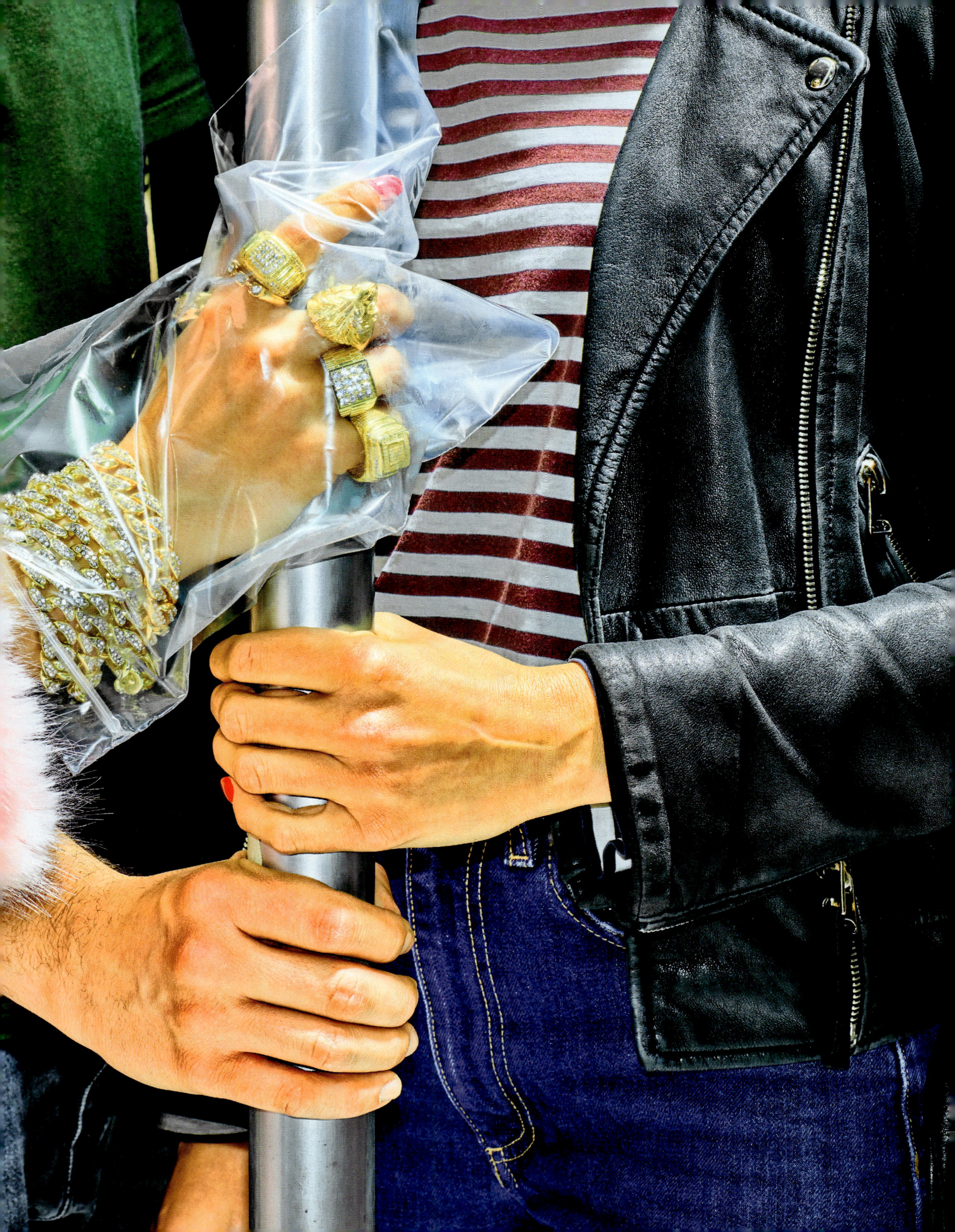

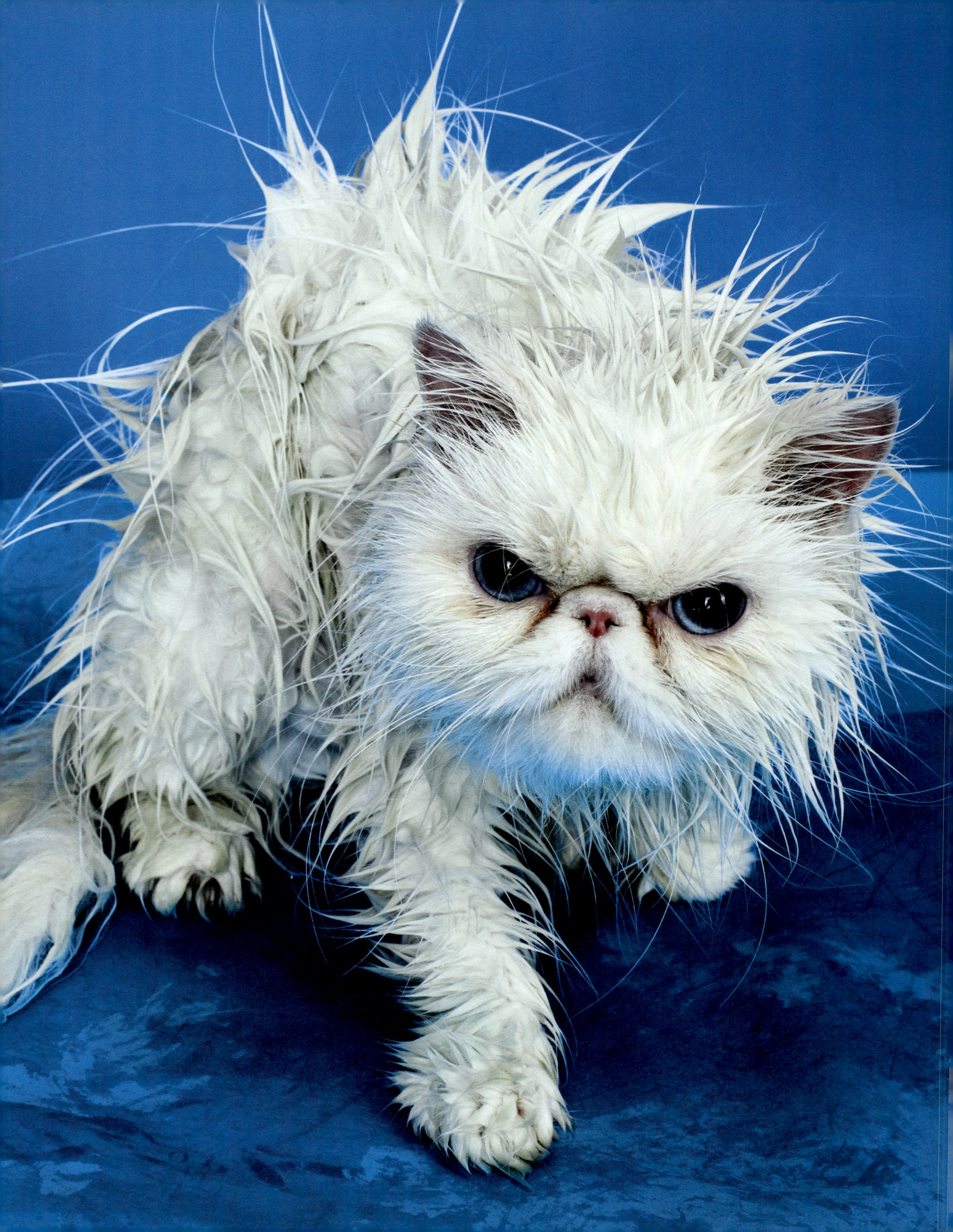

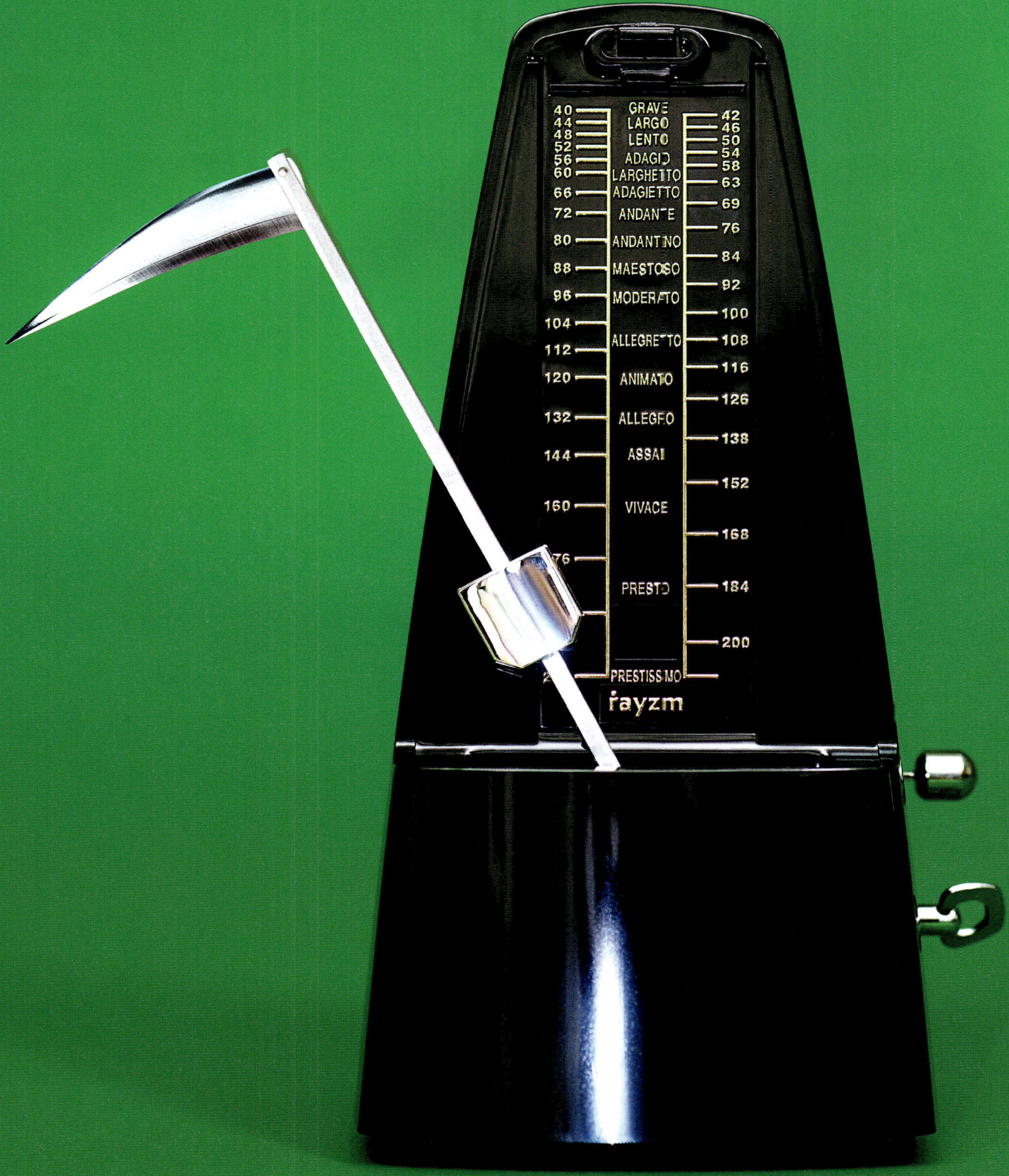
GRAVE
LARGO
LENTO
LARGHETTO
ADAGIETTO
ANDANTINO
MAESTOSO
ANIMATO
ASSAI
VIVACE
PRESTO
rayzm

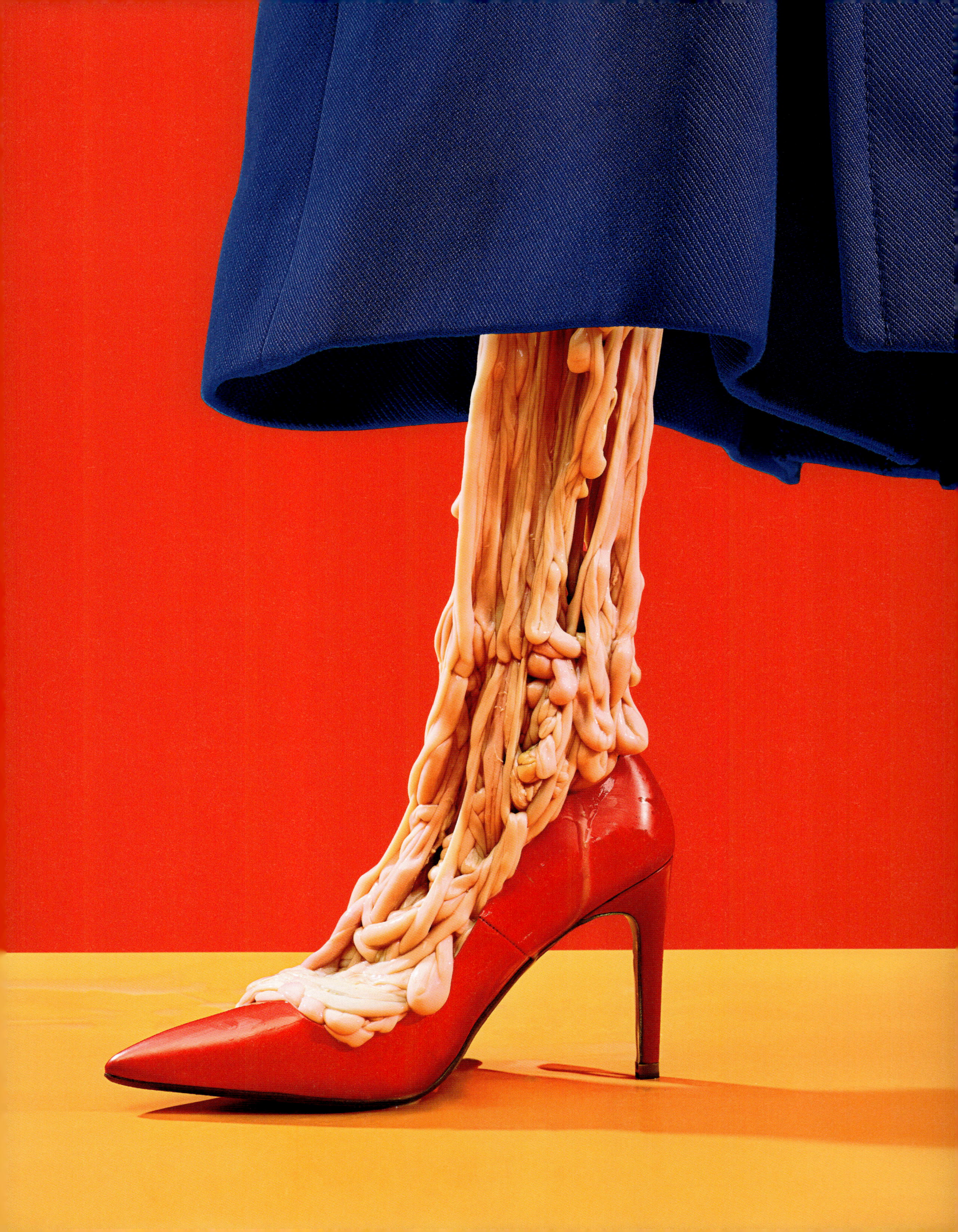

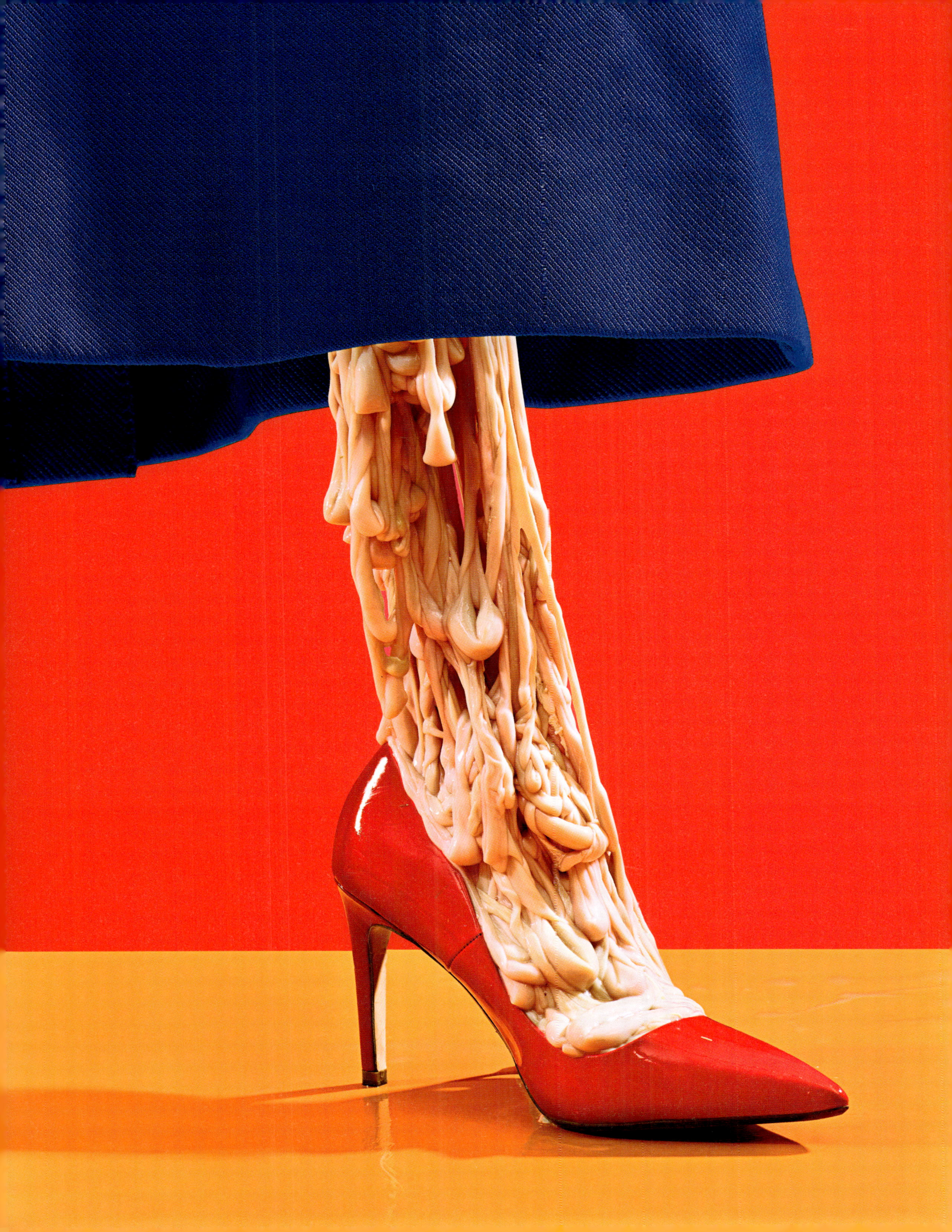

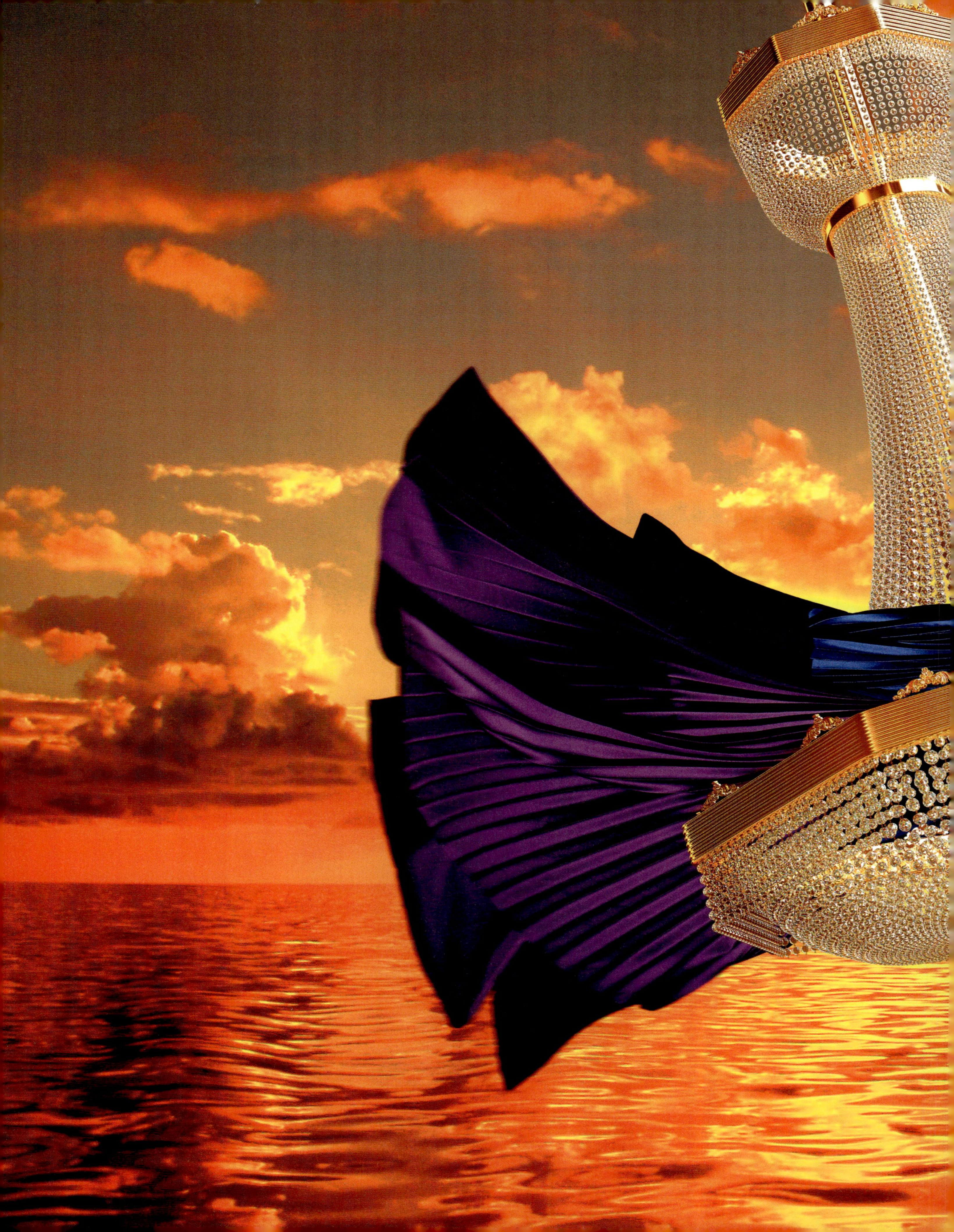

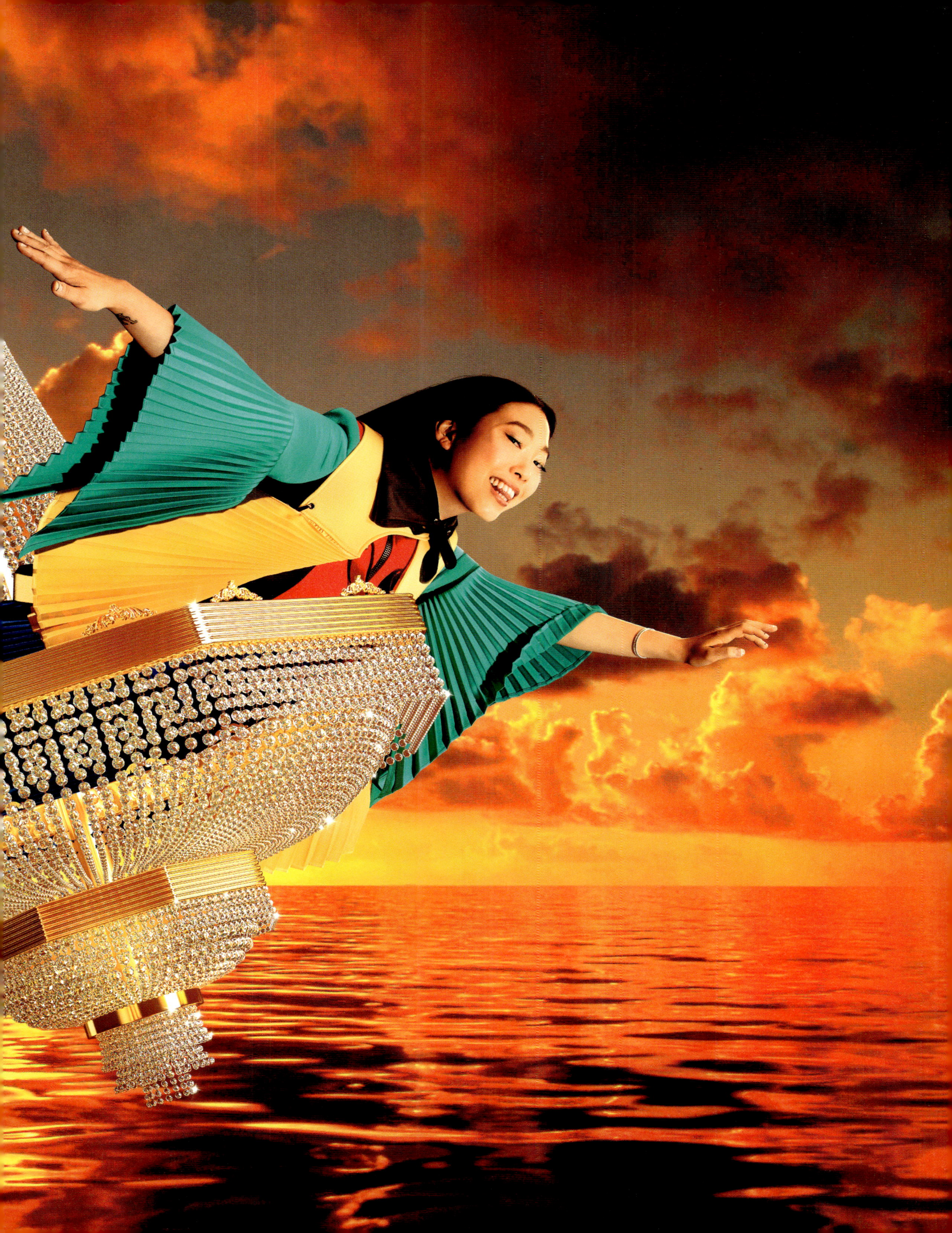

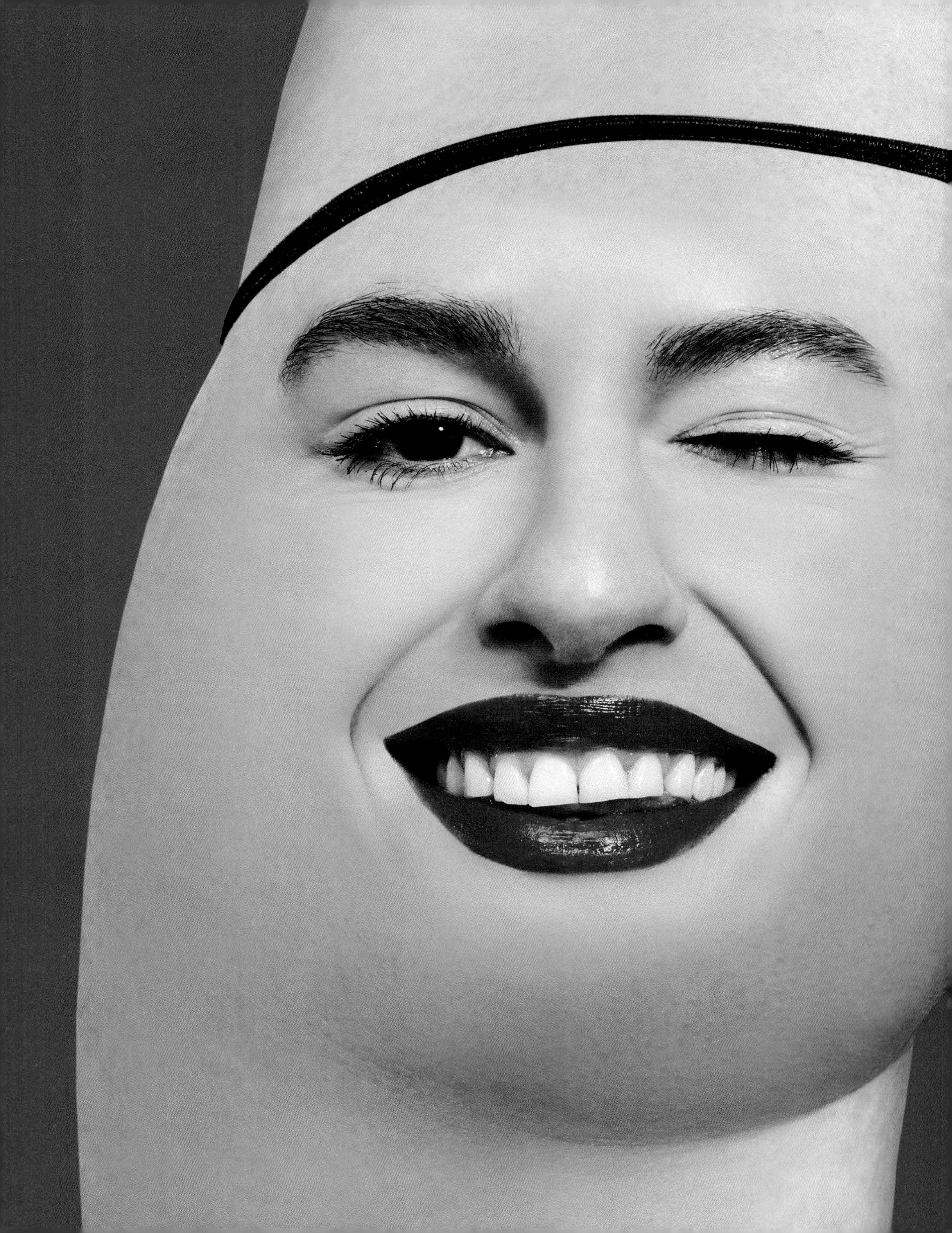

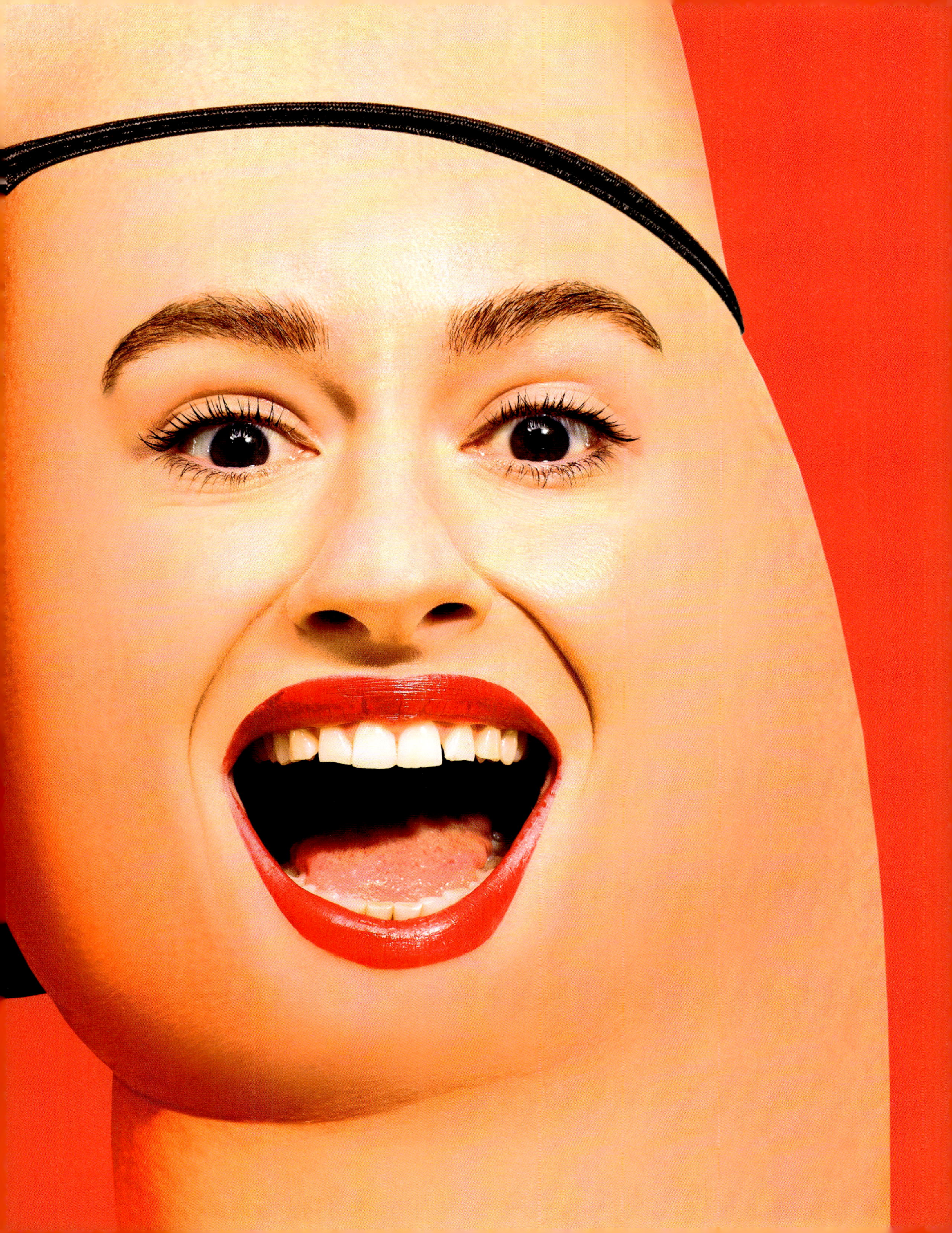

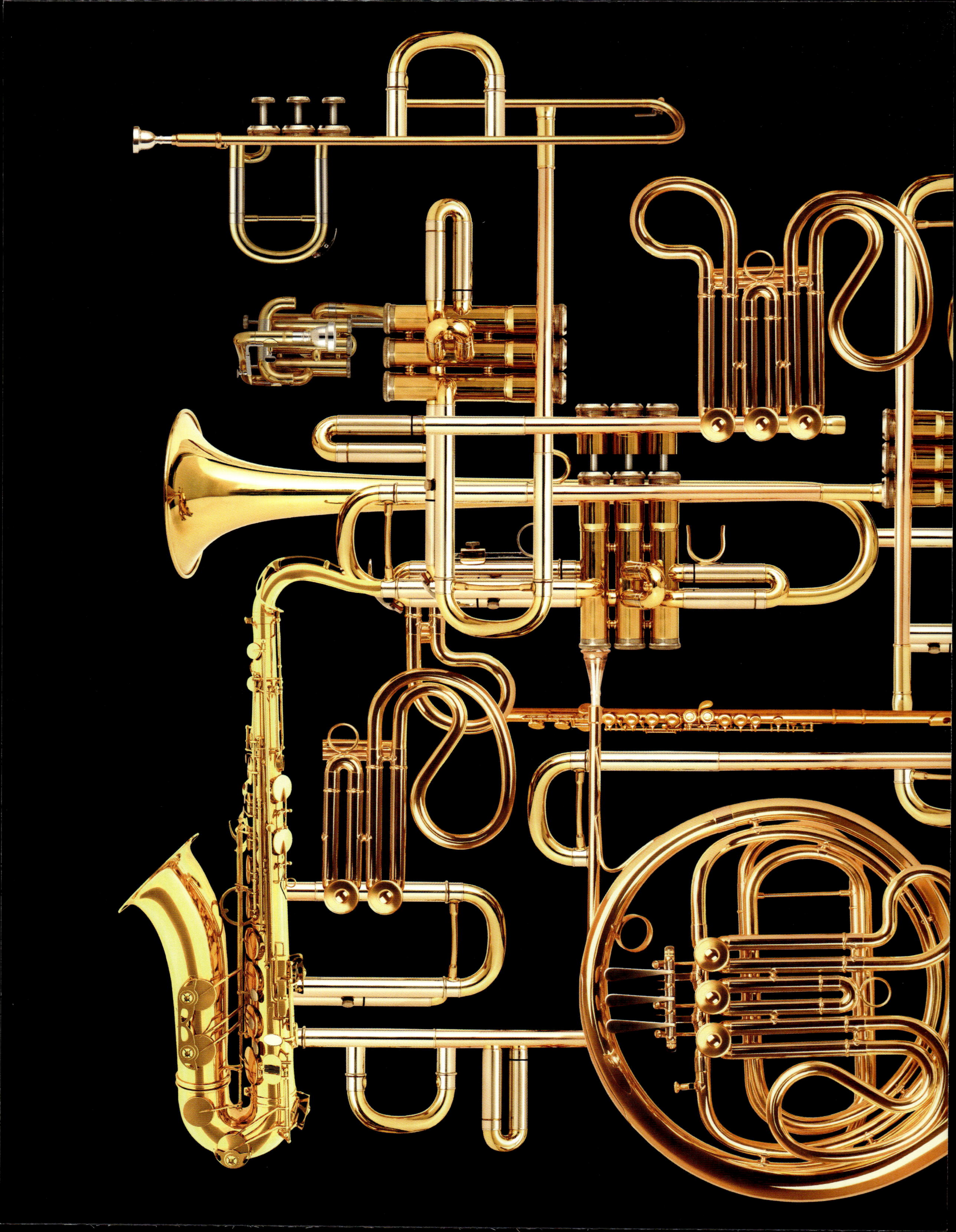

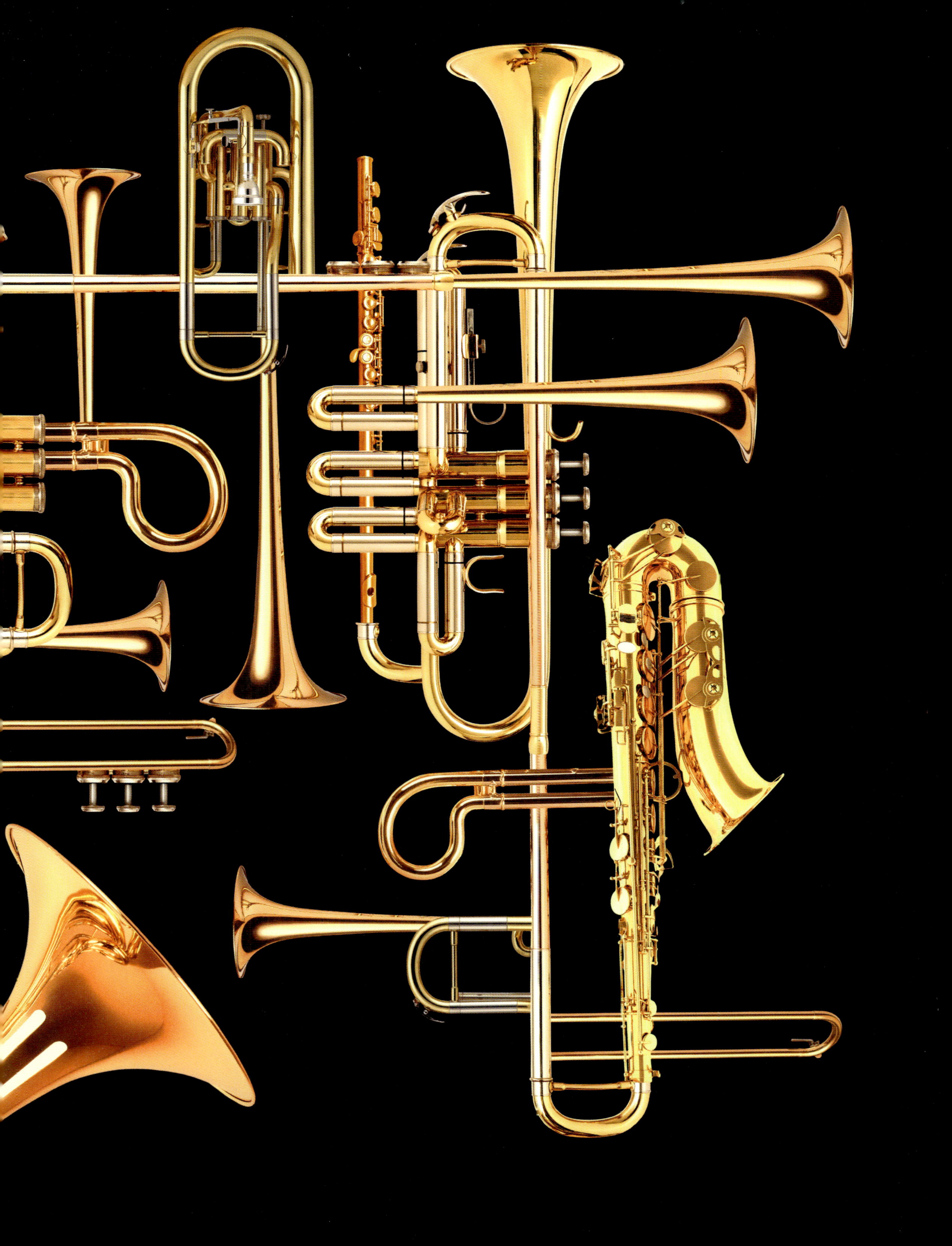

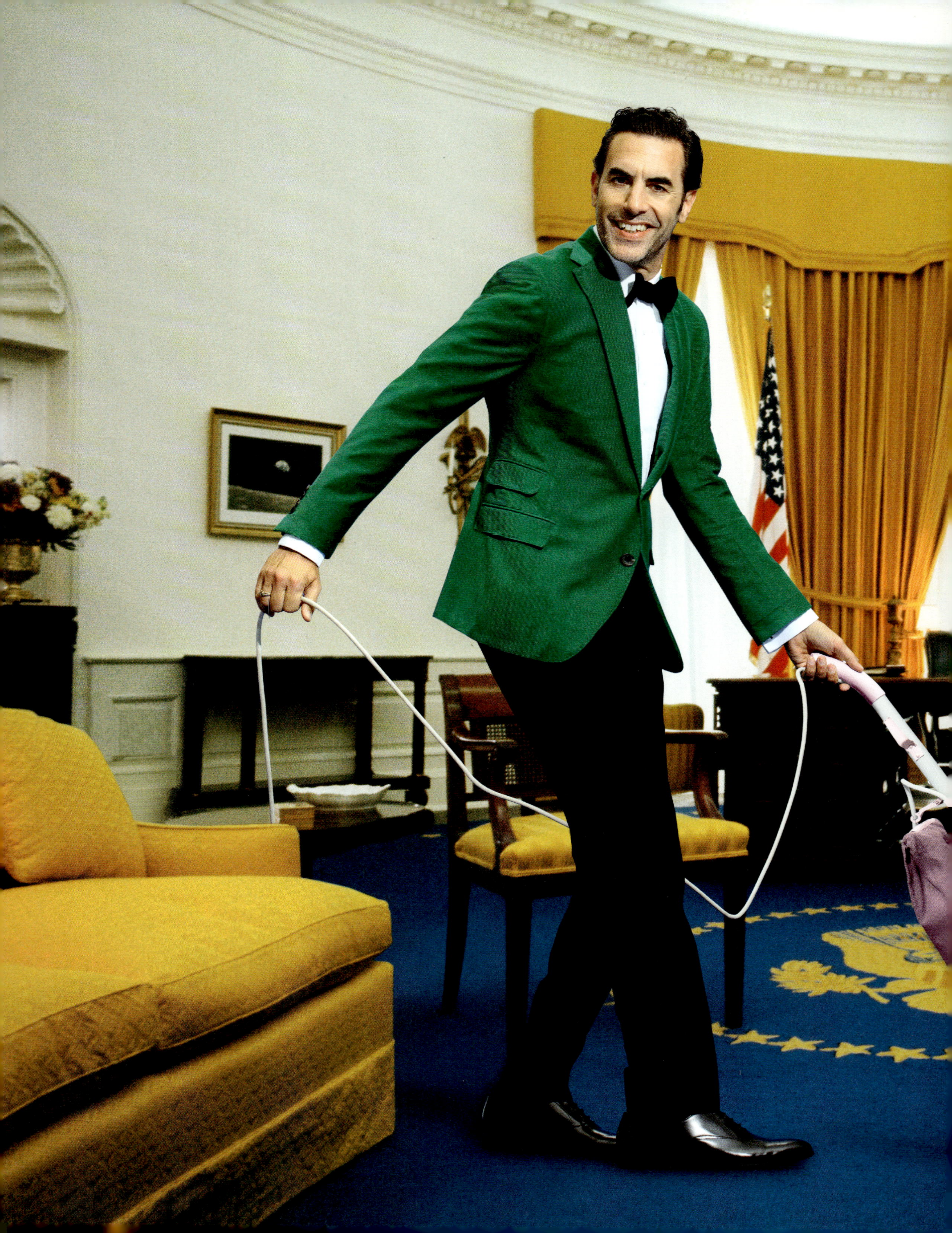